あるワーカーの　生きざまから

福祉のさまざまな世界で生きて来て

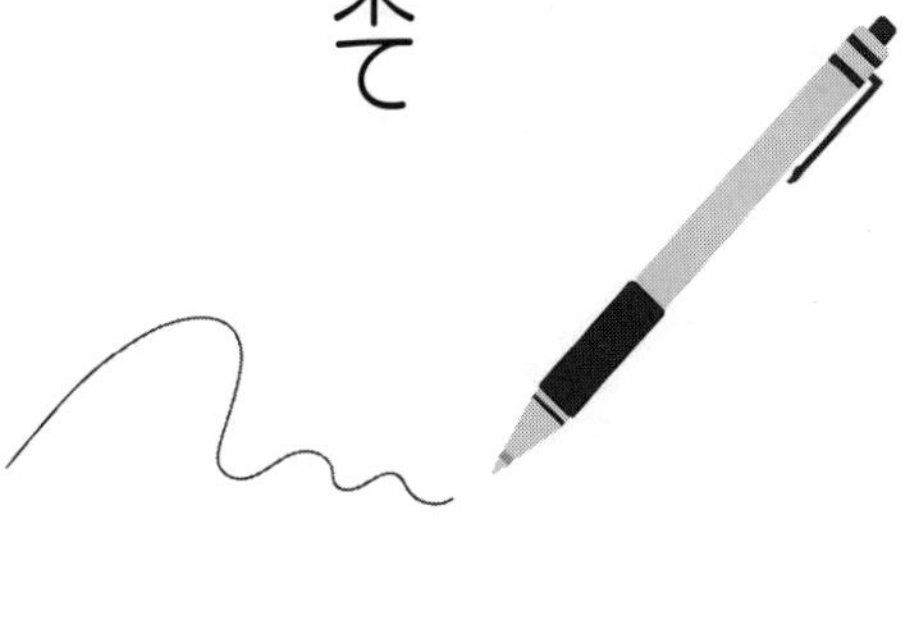

本書は、１９５９（昭和39）年から現在に至るまでに著者が執筆し、各紙に掲載された原稿に加筆修正をしております。

　本書において、現在では呼称が変更されている表記がありますが、著者が執筆した当時のままの記述にしてあります。また、本書に登場する人物の所属についても当時のままになっております。ご了承ください。

　尚、本文中の写真は、２００７年・高木博光第５回個展「昭和の子どもたち」より掲載したもので、本文の内容とは関係ありません。

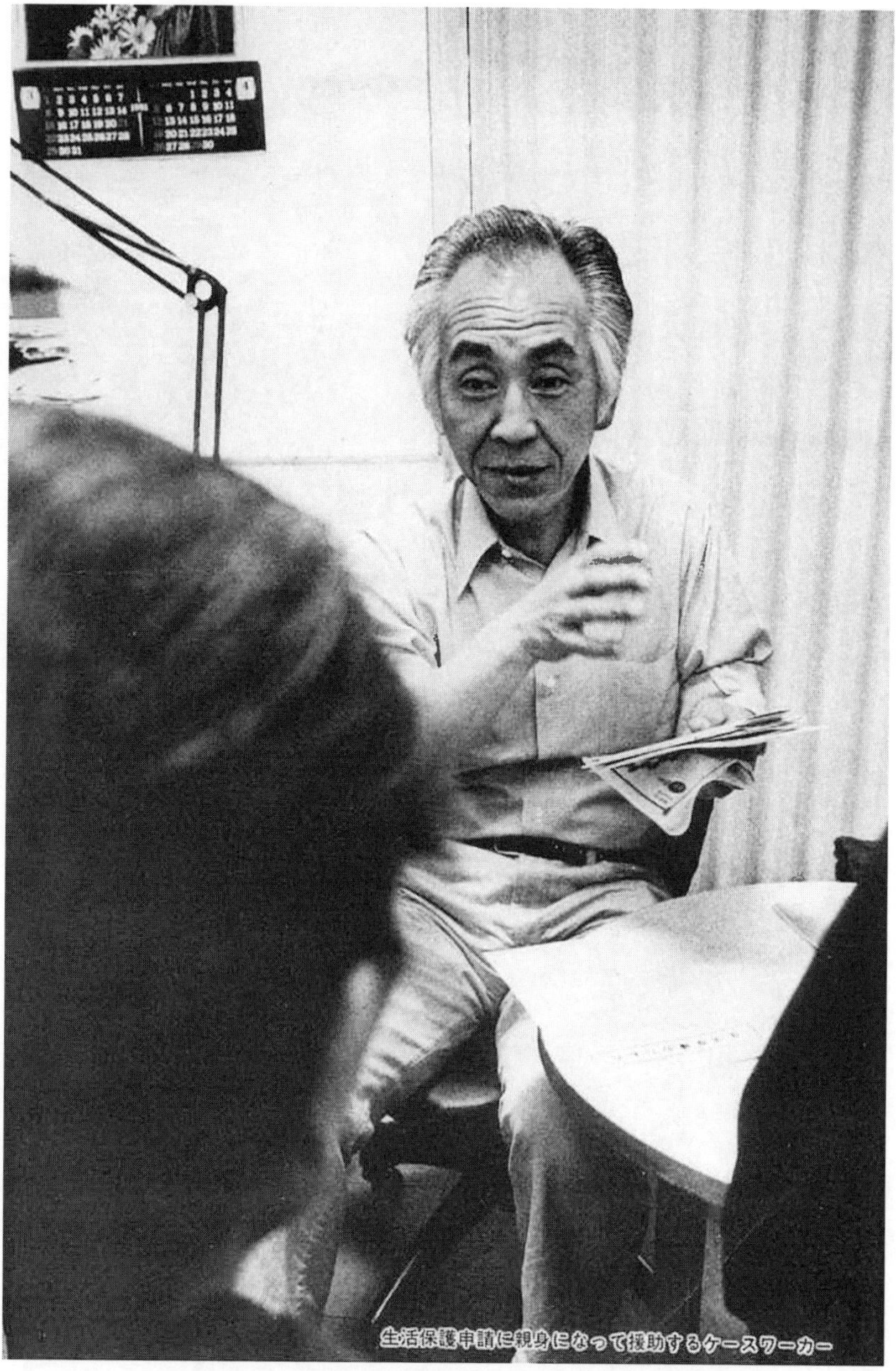
生活保護申請に親身になって援助するケースワーカー

1981（昭和56）年５月20日発行　福祉事務所現業員白書
「いのちの重みを背負って」　ささら書房より
墨田区福祉事務所面接員時代（53歳）

2冊目のまえがきとして

8年前に1冊「あわよくば、書き連ね」の題目で自費出版をした。初めての経験だったので、今までに書いたものをかき集めて纏《まと》めたつもりだった。発行してみて気が付いたのだが、漏れていたものが結構あった。新たに出てきたものや思い出してそれを文章化していたりするうちに、なんとかもう1冊が出せそうな気がしてきた。

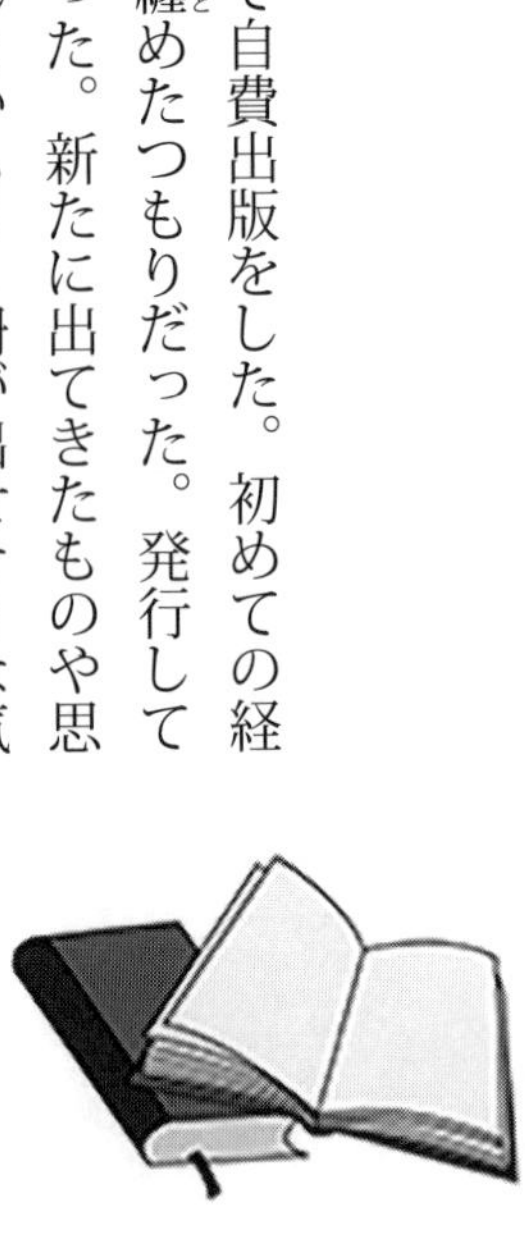

伝手《つて》があって1953（昭和28）年1月に、臨時職員として1日240円という安さで東京都足立福祉事務所に入職し、即ワーカーとなった。この3年前の1950年に生活保護法が全面的に改正され、保護の利用が国民の権利となった。

しかし、福祉事務所をつくり生活保護主事が民生委員に代わってこの業務を行うという厚生省の考えについては、地方財政がひっ迫していることなどの理由から、地方自治庁や全国知事会などが反対の立場だった。そのために財政の算定根拠を示さず、曖昧に児童福祉法と身体障害者福祉法も担当するという「社会福祉主事」を誕生させたのであった。翌年（1951（昭和26）年）に社会福祉事業法が制定され、その中に福祉事務所や社会福祉主事が明記されて発足した。

ところが、こうして発足した福祉事務所だったが、専門吏員（現・専門職員）であるべき「社会福祉主事」が専門教育を受けた人が少なかったから、いわゆる大学を卒業し指定された教科を履修すれば有資格とする経過措置を作らざるを得なかった（これのことを「3科目主事」といって半ば揶揄的に使っていたこともある）。

私が就労した昭和28年はそうした状況だったことから、人が足りなくてとにかく臨時でも何でもよいという人不足の穴埋めを図っていたのだと考えられる。臨時でのワーカーと正規吏員（現・正規職員）との違いは歴然としていた。臨時といえども正規吏員と全く同じ業務だったが、給料もさることながら、手当・休暇の保障もなく、身分は酷いものだった。だから途中で他の職を求めて辞めていった者も多かった。

臨時の身分保障のために、労働組合をつくって活動を始めた。当時、既成の労働組合は加入させてくれずにいたが、活動をしながら職員労働組合へも働きかけていったところ、最終的には認めてくれるようになった。両者が合同した結果大きな力となって、臨時職員の正規職員化が実現出来たし、その後臨時職員は公務員試験を受けて正規職員となっている。私もその一人にすぎないが。

さて、臨時とはいえワーカーだから、それまで文章を書くことの機会に恵まれていなかったが、記録を書くことは必至だった。それも毎日のように書かなければ仕事にならないのである。お陰で文章を書くことが一つの習いとなって、表現もそうだが、自分自身の思いや客観的に書くということはどういうことか、などと考えるようになった。

そのうちに書くことに満足が出来なくなり、それにはどうすればよいかを考えるようになった。文章は只《ただ》書けばよいというものではない。また書いたものを何処《どこ》かに発表する必要がある。いろいろと考えた手始めに、新聞の声の欄とか雑誌の読者欄とかにまず投稿をしてみることを思いついた。文章が読まれるに値するものなのか、他者にどう伝わるかが重要になってくるからだ。

独りよがりで在ってはならない筈である。例え投書したところで没になるだろうし、中身が問われるからそれをクリアしなければならない。そこで先輩の文章を真似てみたり、文学における有名な小説（志賀直哉などの作家）を狩猟していった。

ケース記録も記録を書いて決済を受けなければならず、上司に提出すると様々なチェックが入るから、そこでも自分の文章を振り返る機会が出来る。また文章というものは、書けば書くほどに容易ではないと思えてくる。だから未だに充分な文章が書けているという自信を持てないでいる。これは自分にとって、永遠の課題として精進するしかないと考えている。ただ努力するだけでなしに、他者にも見せてその反応を見てみるとか、要は公の評価が必要であろうと思う。

そんなことの中からある日、親しい友人が書いた文章に巡り合った。それを読んでみて「あー、こうした表現というかこうした書き方もあるのだ」と気が付き、ヒントを得た思いで心強く思ったのだった。そこで、物は試しとばかり、自身が経験した出来事を少しばかり修正して、東京都職員労働組合の文芸誌のルポルタージュ部門に応募してみた。

結果としては「奨励作」の評価を受けた。初めてのことであり、全く思いがけないことだったので、嬉しい気持ちとこれからが大変だと考えたものであった。書くことの容易ではないことへの覚悟と同時に、書くことへの気分がそそられたことも事実であった。

現在は、都内の精神の事業所でソーシャルワーカーとして週2日勤務しているが、こうした中から2冊目を出すという気持ちを聞かれれば、何時までも何が正しくて何をしなければならないか、という自分への問いかけを続けていくことだと思う。
さて、これを読まれた方々に共感を覚えて頂けたらこれにまさるものはありません。
以上、２冊目のまえがきといたします。

２０２３年5月吉日記す　高木博光

もくじ

●表紙・本文のスケッチ――髙木博光
●裏表紙・本文写真――２００７年　髙木博光第５回個展「昭和の子どもたち」より掲載

Ⅰ．新聞・週刊誌への投稿

1959（昭和34）年～1963（同38）年

―― 各誌への投稿 ――

１９５３（昭和28）年に足立福祉事務所のワーカーになってから6年が経過した。ワーカーになる前に特別に訓練を受けた訳でもなく、人が足りないから取り敢えず雇ったという事だろう。何も分からずに日々の仕事に励んでいったことになる。今考えてみると、随分といい加減な雇われ方をされたものだ。

毎日の仕事でケース記録を書かなければならないのだが、教えてくれる訳ではないから先輩の記録を参考にしたり真似したりしていた。書いた記録はスーパーバイザーがチェックしてくれるし、いろいろと書き直しを指示されたり、直されたりしながら覚えていった。

また、関係の資料や文献なども読みながら、少しずつ学んでいった。6年も経つと、年数的にはベテランの域に達することになるのだろうが、臨時職員の場合は必要な研修を受けることが出来なかった。職員の研修を受ける姿を眺めながら、同じ仕事をしている臨時職員に研修を受けさせてくれないシステムの矛盾をいつも感じていた。臨時職員に対する研修の予算は初めから計上されていない訳である。それなのに臨時職員も正規職員も同じ仕事をしている。

或る時、職員に聞いてみたことがある。「なぜ臨時職員は研修がないのだろうか？」。「あくまでも臨時だからだよ。それが嫌なら試験を受けて正規職員になる事だよ」と言われてしまった。確かにそれもそうかと思い、同僚の職員7名と勉強会を計画して、始めていった。

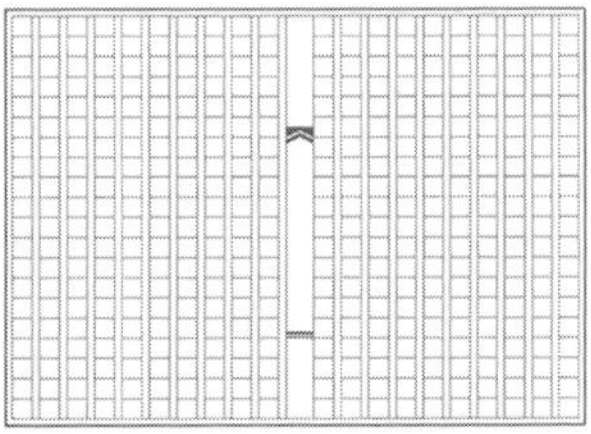

丁度折も折、庶務課のG氏がそのことを聞きつけて賛成してくれて、勉強会を手伝ってくれることになった。お陰で全員が1年後に合格をして正規職員となった。

ワーカーになってから、日々の記録については只書くだけではなしに、社会の状況や動きを知った上で正確に記すことや、どうやったら読み手に十分に伝わるか等々考えていた。その頃自分自身の思いなどを他者に読んで貰う場合に、他人からの批判に耐えるにはどうすればよいかなどの自分なりの方法を考えていた。

それにはまず手始めとして新聞の「声」の欄や雑誌の意見コーナーなどに書く事で少しは客観性が生まれると思った。

そうした考えを１９５９（昭和34）年代に実行に移したのが、Ｐ14からのものだ。今読んでみると稚拙の感を免れないが、当時は必死になって書いたもので、それなりに自分自身にとっては貴重な経験だと思っているのである。

北鮮帰還※の貫徹を

今までそれほどに思っていなかった私であったが、北鮮帰還については、安全を保障せぬとの韓国の通知を知るに及んで、韓国の言い分は無理を通して道理を引っ込める式の暴言であると驚いた。

勿論外務省も予想していたところとして、不必要な波乱を避けるために慎重に行動すると言っているのだが、果たしてそうした事で話し合いの到達点に達するのかは疑わしい。

藤山外相は10日の答弁で、韓国側が反対でも実施するとハッキリ言いきっていたが、いつにない所信の表明に好感を持った。これが所謂腰砕け外交から脱皮するよい機会ではなかろうか。

人道上から発したこの種の案件の処理は、日本の国際上の信用と地位を高揚させるためにもぜひ必要である。願わくば途中でくじける事のないように、確固たる信念を貫いてほしい。

さらにそれが万全の手配を講じ、日本外交の真をこの辺で示してもらいたいものである。

１９５９（昭和34）年2月14日（土）朝日新聞「声」掲載

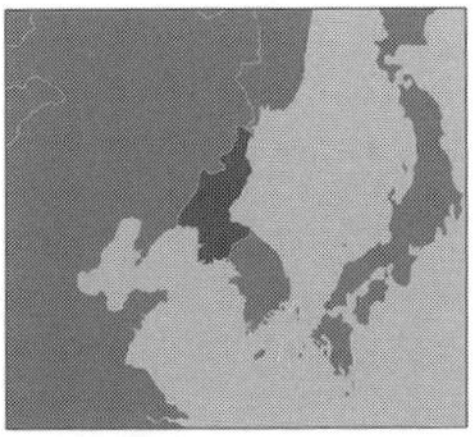

※北朝鮮帰還事業：１９５０（昭和25）年代から１９８４（昭和59）年にかけて行われた在日朝鮮人とその家族による日本から北朝鮮への集団的な永住帰国あるいは移住のこと。

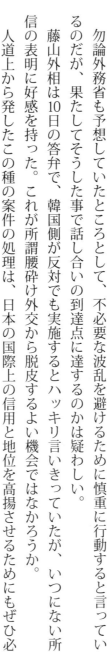

タクシーの個人営業を許せ

タクシー個人営業許可促進決起大会が、13日東京都台東区下谷公会堂で開かれたが、神風タクシーが相変わらず疾走している現在、その主張には考えさせられるものがある。

タクシーによる交通事故の原因としての第一は、運転手がノルマに追い回された結果から生ずる過労ではないだろうか。そしてさらに言えるのは、待遇が不当に低くて業者間の競争がひどく、運転手の人間性をあまりにも無視している事である。また不思議なのは、監督庁である陸運局の態度が極めて消極的で曖昧な点である。かえって世論や警察が、そのシリをたたいているような格好になっているのは本末転倒というべきだろう。

憲法第22条によって「職業選択の自由」が保障されているにもかかわらず、個人営業をなぜ許可しないのか判断に苦しむ。経営者側にも利害や種々な問題があろうが、このさい思い切って個人営業を許可したらどうか。

勿論それによって新たな弊害もあろうが、自分の車だと思えば大事にし、むやみに飛ばすまい。

1959（昭和34）年5月24日（日）読売新聞「読者の声」掲載

「生活保護の適正化を」に反論

5月31日付本欄の「生活保護の適正化を」の大山氏の言に疑義がある。

生活保護利用者の中に若い人や健康体の人が多いのに驚いたと言われるが、若い人だから、健康体に見えたからといって保護を利用出来ないとは限らないのである。その若い人は、働きたくとも体が病魔に侵されているのかもしれないし、医師でもないのに「あの人は健康体だ」と即断するのは早計である。たとえ健康体であったにしても、それ相応の理由あっての申請であるかもしれないのだ。真に生活が困窮していたならば、予算の有無にかかわらず調査の結果、必要とあれば保護が利用出来るはずである。

第三国人※がうるさいからそちらの保護に比重がかかるなどと言うにいたっては、現実無視も甚だしいし、それこそ一方的な見方と言える。お役所のことなかれ主義などと簡単にかたづけられてしまっては、日夜真剣にこの職責に苦悩を続けているわれわれの努力は水泡に帰してしまうであろう。

憲法第25条に規定する理念に基づき、「無差別平等」に利用出来るものであって、これは国民の権利である。決して一部の圧力に左右されるものであってはならないのである。

1959（昭和34）年6月5日（金）読売新聞「読者の声」掲載

※一般に朝鮮半島の国民を指す。第二国人は所謂部落民を、第一国人は部落民以外の日本人を指すと言われていた。併《しか》しこれは明らかに差別的用語の為に近年は使われていない。

訪問員のつぶやき

現在の社会福祉施策があまりにもお役所的に過ぎるため、不幸な道を歩む者が多いという投書が先の本欄にあったが、私はむしろそれよりも日本の社会保障制度の冷遇をこそ問題にしてよいと思う。国家予算のうち、防衛庁の予算などは毎年増額されていく。その結果はどうか。ムダづかいとなっていないと断言出来るだろうか。

国民の福祉のための社会保障費など、その3分の1以下の貧弱さである。このしわ寄せが、第一線の福祉事務所に集まってくる。職務に忠実であればあるほど、いつの間にか過重労働となっており、不満ながらも仕事のワクの中でそれを最大限に、しかも効果あらしめようと日夜苦労しているのが現状だ。私どもがいかに公僕精神に徹しえたとしても、根本問題が解決されないのではどうにもならぬ。

グラマンがよいとかロッキードがよいとか、いろいろ論議はやかましい。しかし、この1機分の金額で不幸な人々をどれだけ救えるか、考えていただきたい。私たちは明日の豊かな社会保障国家の日本を夢見つつ、貧困の谷間の中で額に汗しつつ、地味な努力を今後も続けていくだろう。

1959（昭和34）年7月22日（水）朝日新聞「声」掲載

福間氏へ一言

11月2日号付本欄の「ほしい役所の民主化」福間氏に対して若干の意見がありますので申し述べたいと思います。

私は東京の一福祉事務所員です。勤務してから6年有余になりますが、まがりなりにも自己の仕事に責任と熱意を持ってきたつもりです。夫を失った母子世帯、家族6人のうち4人もの肺結核患者がいる世帯等々、そのどれを見ても胸の痛くなるものばかりです。そうした、いわば社会の裏面の問題に日夜接している私どもは、日本の社会保障制度の豊かな発展のために微力を尽くしているつもりです。

私どもは国で決められている生活保護法によってしばられている関係上、個人的には同調出来ても、多くの方々の希望通りには添いかねる事がしばしばあります。それ故にこそ、生活保護法との間に挟まれてどのくらい苦慮し、また法の許される範囲内において如何にしたら困った方々を一人でも多く救えるかと、真摯に考えている者のいる事をご存知でしょうか。

聞くところによれば、ジェット機は1機分で4億だそうです。例えば国防に使用するとなると、おそらく莫大な金がその購入費として充てられ、国民の税金が、まるで家庭の主婦が野菜でも買うように使われようとしている現状をよく考えてほしいものです。

同氏は福祉事務所へのお百度参りの煩わしさ、人権無視の調査、不親切などを指摘されております

が、役人とはこうしたものだ、との既成概念ですべてを決めつけるのは、現実無視も甚だしいと言わざるを得ません。そんな事よりも、本当に困った人々が気軽に保護を利用出来るようになるためには、国民の利益にならぬジェット機など購入するのをやめてもらうべきであり、あなたの怒りもそこに向けるべきでしょう。

1959（昭和34）年11月9日（月）　週刊文春「読者ジャーナル」掲載

韓国人中卒者に救いはないか

本誌第74号で、長友氏が母子家庭の子弟就職について意見を述べられていたが、私はそれとは別に日頃考えている事を、違った角度で書いてみたい。

毎年春になると、生活保護利用世帯の中卒者（この場合は日本人）のうちその殆どが進学を諦めて就職をする。長友氏の言われる点では私も同感だが、それでも彼等は前途に希望を持ち、新しい人生に胸を膨らませてなんとか巣立っていく。

ところが、韓国人の中卒者は、比較して問題にされる事すらないのだ。彼等には、就労先が皆無と言ってよい。中卒者となった場合、その世帯に保護を継続していく状態にあると、われわれは働く事を要求しなければならない。おそらく彼等自身、働きたくて仕方がない事だろうと思う。だが一体今までに、どれほどまともな職に就けただろうか。

現在、私の手持ちケースのうち、その半数が韓国人世帯である。そして彼等に対する保護は、法律上の権利としてではなく、一方的な行政措置によって行われている現状にある。彼等の収入や動態はわれわれの最も苦心しているところだが、これはわれわれ日本人の側にも責任はあると思う。大体、彼等を理解しようとしないで何もわかる訳がない。われわれの白眼視の中で、益々彼等が自己の殻の中に閉じこもっていくのもけだし当然だろう。

韓国人の子どもたちも、学校から帰れば日本人の子どもたちと無心に遊んでいる。そうした彼等が、

偶然にも在日韓国人の星のもとに生まれた運命を、やがて意識する日が来るのだ。中卒で、いざ就職戦線にけなげにも駆け出して行った時に、どうしようもない大きな重荷に無残にも押しつぶされてしまうのだ。このような彼等の訴えを、私はその都度苦い薬でも飲むように聞かなければならない。ワーカーとして、彼等を慰めるすべが全くないからだ。

私が述べてきた現実は、簡単に解決出来る問題ではないのかもしれない。しかしながら、現場におけるこうしたケースに接しているわれわれは、日々やりきれない気持ちでいるのだ。さわやかな心で彼等に応対出来る日の来るのを願いつつ、今日も私は出かけて行く。

荒川福祉事務所　高木博光

1963（昭和38）年　生活と福祉「私の意見」掲載

Ⅱ．ルポ　日本の社会保障とその背景
ケースワーカーの独白

自分で書いたものではないものを載せることにした経緯を述べたい。

1966（昭和41）年12月、荒川福祉事務所のワーカーでいた頃に、雑誌「健康保険」から取材の要請があった。福祉事務所の活動内容がなかなか知られておらず、取材に応じればそれが充分可能になると考えた。2時間超にわたる取材の中身は「ケースワーカーの独白」として掲載された。内容的にはワーカーの活動などを確《しっか》りとまとめ上げていて、興味を持って読んで貰えると思った。自分が出す本にワーカーの活躍を乗せることは時宜にかなったものと考えた。

そこで、「健康保険」の出版元である健康保険組合連合会に手紙を出した。「自分が取材を受けて、ワーカーの実情がよく書けているのでぜひ載せたいのだが」と問い合わせをした。「結構です」との返事があった。ただし、「ルポを書いた笹本治郎さんには連絡を取るように」と言われた。

笹本氏についていろいろと調べたりしてみたが、不可能であった。そのため、この本を出すことで行方が聞き出せるか、どなたか消息を教えてくださる方が出てこないか等々によって、取りあえず載せて貰えることになったのである。消息が分かり次第、挨拶に行き事情を話して了解を得る努力をしなければならないと考えている。

それ程この内容はワーカーの内実と活躍を明確に書き上げていて、自分自身も闇に葬ってしまえない文章だと思っている。

ルポ　日本の社会保障とその背景

ケースワーカーの独白
この東京の屋根の下にも6万1500世帯、13万人、全国では65万5000世帯、156万7000人の人が生活保護を利用している。そこがケースワーカーの働きの場所なのだが…
東京都荒川区福祉事務所を訪ねて

Tさんは35歳になる。ケースワーカー（社会福祉主事）である。荒川区の福祉事務所に勤めている。

ケースワーカーの仕事は、陽の当たらない社会の片隅に追いやられて、健全な市民の生活から脱落してしまつたひと、脱落しかけているひと達が相手だ。そのひと達の訴えを聞き、生活環境を調べ、そういう境遇に追いこんだ原因と、どうしたらそこからぬけ出すことができるかを判断する。健全な社会生活への復帰の方法を、一緒になつて考えながら、その努力に手を貸し、必要な対策処置と、生活指導を続ける。それがTさんの仕事なのだ。昔のような慈恵でもなければ、慈善でもない（すべての人間が、平等に、健康で文化的な生活を営む権利を持つている）。その近代的な社会生活のもとになる考えを背景に、少しでもこの世の中から不幸を少なくするための、素朴な隣人への協力なのである。

Tさんは、この道に入って10年の余になる。彼がライフワークとして、自分からケースワーカーの仕事を選んだことは、打算だけが人間の生活や行動の価値判断の基準になりかけているような今日の世相へのささやかなレジスタンスの気持があつたのかもしれない。

♣

その朝も東京の下町には、濃いスモッグが立ちこめていた。空はよく晴れているのだが、建てこんだ家並みの上に届く太陽の光は弱かつた。トロリーバスのかよう大通りの街路樹は、なんとなくすすけて、息をつまらせているように見えた。

職場に急ぐ通勤者にまじつて、Tさんもゆつくりと足を運んでいた。何かを考えているような表情であつた。いつの頃からか、彼の顔にはこんな表情がしみついた。

彼の担当している生活保護利用世帯には、朝鮮人の家庭がかなりある。その中に、貧しいドン底の環境にめげず優秀な成績で中学を卒業した少年がいた。成績がよかつたから、条件のよい就職先に推薦してもらうことができた。そこの試験にもパスした。Tさんは嬉しかつた。マジメな少年のこれからに期待をかけてもいた。少年の家庭が、いずれ生活保護利用世帯という境遇からぬけ出し自力で歩き出すために、少年の就職は一つのきつかけとなつてくれるかもしれないと思つたからである。

だが、少年は就職できなかつた。採用決定の直前に、会社から戸籍謄本を提出するようにという通知がきた。国籍が朝鮮では、採用してくれなかつたのである。

「どうして朝鮮人ではいけないのだろう」

少年がいつたのと同じことを、Tさんはいつまでも胸の中に反芻していた。

(同じ人間なのに)

国籍の問題でなくとも、世間には、両親が揃つてないというだけの理由で、門戸をとざしてしまう企業もある。

(なんでもわかつたような顔をしていても、その実は偏見が強過ぎるのだ)

不幸はそれだけにとどまらなかつた。それから間もなく、少年は、まつたく突然に家出してしまつたのである。Tさんの顔にしみついた表情は、その頃からのものであつたかもしれない。

Tさんは歩きながら、受け持つている生活保護利用世帯のあれこれを思い浮かべていた。彼の担当は115世帯である。調査・観察の必要度によつて、AからDまで4段階に分けてはいるが、しばらく足の遠のいている家がかなりあつた。115世帯という彼の受け持ちが多過ぎることも事実であつた。厚生省の決めたケースワーカー一人当たりの基準件数は60~80世帯なのである。彼の勤務する事務所の平均が90~100世帯ぐらいだから、所内でも多い方であつた。それでも彼は、つとめて訪問の時間を多くとるように心がけていた。その後どうしているか、出かけて話をきき、様子をみないと落着けなかつた。

(あそこにも、あの家にも行つてみないといけない)

すぐにでも訪問の必要な世帯は五指に余つたが、

(やつぱり今日は出かけられないだろう)

そう思つた。

Tさんたちのようなケースワーカーは、月のうち大体20日あまり、午後を訪問にあてるのが原則になつている。朝のうちに、その日の訪問計画を作り、午前中を、前日訪問したケースの処置についての事務処理にあて、午後から計画に従つて家庭訪問に出かける。だがこの原則は、守ることの不可能な原則になつてしまつている。

個々の生活保護利用世帯の扶助額を決めることから始まつて、事情が変つたときの計算はもちろん、米価の値上げ、保護基準額の変更などがあれば、初めから扶助額を計算し直さなければならない。そういう一切の事務がケースワーカーの肩にかかつていた。担当世帯の数に比例して事務量はふえる。そのひまを盗むようにして、訪問に出かければ、その処理のための事務は、自分一人ではどうにも処理できないところまで、幾何級数のようにふくれ上がる。

「こんな調子だと、殺されちまう」

そんな悲鳴をあげる同僚もある。ケースワーカーの勤務時間の大部分は、ケースワークの仕事ではなく、機械的な計算と事務に食われてしまつている。

だから、

「ケースワーカーではなくて、ケイサン（計算）ワーカーさ」

「いやケースバカだよ」

そんな自嘲めいた冗談もかわされる。しかし、ケースワーカーかケーサンワーカーかはともかく、実情がそうなら、ケースワーカーは担当世帯について計算をしなければならない。それをやらないと扶助が行われないことになる。

その前日、Tさんは、朝早く持ち込まれた予定にない突然の相談で、まる一日かかりつきりになつていた。Kという30過ぎの男で、ドヤ街の住人であつた。病気で働けなくなつたというケースである。ドヤの男にとつて、明日の生活というものはない。その日その日が勝負なのである。その日働いたものは、その日の食い扶持《ぶち》になり飲み代になり、ドヤ代になる。だから、病気で働けなくなつたということは、そのままその日から保護の対象になるということなのだ。

Tさんは事情を聞いて、医者にかかる指示と手続きをし、簡易宿泊所に出かけて居住の状況を確かめた。診断の結果は、すぐにはわからないが、今日の生活日の問題は、診断の結果を待つていられなかつた。彼は当座の生活扶助費が支給できるようにとりはからつた。

(昨日のKの問題も含めて、今日は一日、事務所のたまつた仕事を片づけてしまおう)

Tさんはそう決めて足を早めた。

♣

(ああまたきてる)

表通りから少し奥まつた福祉事務所への通路をまがつたとき、Tさんは思つた。よれよれのジャンパーを着た半白の老人が、正面入口のコンクリートの階段に腰をおろして、口の中で何かぶつぶついつていた。

この老人はMといつた。Mの家もTさんの担当する生活保護利用世帯であつた。老人とはいつたが、Mは50を過ぎたばかりである。町工場の密集するごみごみした一画で、自転車屋をやつていた。商売をやつているMが生活保護利用世帯というのもチョット妙だが、商売といつても、いつ客が来るかわからぬような一間半間口の小さなくさつたような店であつた。

おまけにMは精神薄弱者であつた。ＩＱが40か50ぐらいしかなかつた。Mの妻は数年前に亡くなつていた。そのあとで、長男と次男があい次いで家出をした。それから間もなく、長女が精神分裂病の徴候を次第にハッキリと示すようになつた。これまでにもTさんの骨折りで何度か病院に収容され、その度に父親に退院させられた。下にもう一人、中学に通つている弟がいた。

彼女は今年17になる。終日、２階の自分の部屋にこもつていた。男のことをひどくこわがつた。様子を見るためにTさんなどが2階に上がろうとしても、狂つた瞳の色になつて、絶対によせつけない。このまま放つてはおけなかつた。Tさんは保健所と相談し、精神病院に入院の手続きをとつた。

だが、娘が入院して間もなく、父親のMは事務所のTさんのところにやつてきた。

「娘を退院させてくれ」

と彼はもつれるような口調で言つた。

「もう病気はなおつたよ」

そんな事実はもちろんなかつた。Tさんは病気の説明をしてMを帰した。

しかし、その翌日もMはやつてきた。前日のTさんの説明がわかつたのか、わからないのか、同じ言葉を繰返した。何回説明しても同じことであつた。Mは、殆ど毎日のように病院と福祉事務所と保健所と、その３か所を同じ言葉を繰返してまわつた。ときには、一日のうちに7回もTさんのところにやつてきた。言うことはいつも変らなかつた。

「娘を退院させてくれ、もう病気はなおつたよ」

それはもう執念ともなんとも言いようがなかつた。その少し前から、黒い疑念がTさんの胸にひろがり始めていた。うつかり人に話せるようなことではなかつた。あり得べからざることであつた。精薄の父親と、その実の娘である精神病の少女とが、いつの間にか一つ屋根の下で一人の男と一人の女になつていた。これはもう人間社会の出来事ではなかつた。狂つた少女の身体は、すつかり〝女〟になつていた。そう考えると、思い当たるフシがいくつかあつた。

（どんなことがあつても、このままの状態で少女を退院させてはいけない）

Tさんはそう思つた。その朝も、帰つて行くMの後姿を見送りながら、

（中学に通つている下の息子は、満足な食事をさせてもらつているだろうか）

Tさんはそのことが気になつた。

♣

その朝、始業前の茶を飲みながら、

（間もなくボーナスのシーズンがくる）

そのことがケースワーカーたちの話題になつていた。楽しみな話題としてではなかつた。生活保護の原則は、一定の基準により計算した生活保護利用世帯の需要について、その世帯員が調達できない不足分を補うことなのである。世帯員に収入があれば、当然扶助額から差引かれることになる。中学を卒業して働いている子供がいれば、暮にはボーナスが出る。その全額を、というわけではないが、一定額をこえた分は扶助額から減らされることになる。ケースワーカーにとつて、そのための照会・調査・

計算という煩雑な事務の増加はともかくとして、それが保護の原則であるとはいつても、ジカに生活保護利用世帯の人たちと心の交流を持つているケースワーカーにとつては気の重い仕事なのである。

同様の意味で、もつといやなのは、春の卒業期であつた。子供が大きくなり、中学を卒業してやつと働けるようになる。このことは生活保護利用世帯にとつて、自力で更生するための唯一のたよりであり、希望なのだ。しかし、せつかく希望に燃えて働き出した子供の給料は、扶助額から引かれて、もとのモクアミになる。もちろんこの場合も、給料の全額というわけではない。働く子供の必要経費（月6000円〜7000円程度）は引かれない。しかしそれが必要経費である限り、生活保護利用世帯の実情はあまり変らない。

（どうせ、いくら働いたつて……）

そんな気持が少年を非行化に走らせ、あるいは家出少年を作る。そういう例も現実にあるのだ。ケースワーカーにとつては、保護の原則をいくら説明しても、わかつてもらえたということ以上にたまらないことなのである。

（結局、われわれの仕事がこの人たちの自立を助けるというのは、できない相談なのだろうか）

Tさんは机に向つて、書類をひろげながらそんなことを考えていた。自転車屋のMの場合もそうである。入院中の少女が少しでも長く入院していてくれたら……Tさんはただ祈るような気持でそう考えるだけなのである。彼女が退院し、どうやつてMの家族が自分たちの力で歩き出すようになるか、Tさんにはまるつきり成算はない。

昨日のドヤの男、Kだつてそうだ。生活扶助は金銭給付が原則であり、然るべき期間の前渡しをする事になつている。ドヤ街の連中にとつて、何週間分かの生活費をいかにして計画的に使うか、そんなことは、小学生に高等数学の計算をさせるより難しいかもしれない。Kは、渡された扶助額を、2日か3日で飲んでしまうだろう。病気にさわるなどということは、身体の苦痛さえなければ、考えたりはしない。そして悪循環が繰返される。彼等には、医療だけでなく、衣・食・住の全般にわたる現物給付が必要なのだ。その間に、生きること、自立することへの意欲と、健康な社会人の生活の規律を身体に覚えこませることが。

しかし、ケースワーカーがそれを必要だと思つても、そんなことのできるだけの施設も制度もありはしないのである。

♣

夜、7時近くなつて、カードの整理にやつと区切りがついた。Tさんは帰り支度をして風の吹く夜の街に出ていつた。彼はこの仕事を捨てて、よその世界に移つていつた何人かの嘗《かつ》ての同僚のことを考えていた。彼等もまた、ケースワーカーの仕事にある種の情熱をもつてとびこんできた連中であつた。しかし、結局、彼等は仕事を続けることができなかつた。

(そこには本当の意味のケースワークはなかつたから?)

(生存競争の落伍者の自立・更生などということは、所詮絵にかいたボタ餅で、初めからできない相談だつたから?)

どちらの理由も当たつていたのだろう。仕事を続けている人の中にも

（保護の必要な人に、決まつた基準の枠の中で、必要の程度に応じて扶助を行うこと、それが、役人としてのわれわれの限界なのだ）

無理に自分に言い聞かせて、目を瞑つてしまおうとしている人もいたようだ。しかし、とびこんでみた現実が、思つたような世界ではなかつたからといつて、その仕事を投げてしまうのは、その人の持つていた夢が本物でなかつたということかもしれない。また、目を瞑つてしまつて、問題を表に出さなければ、仕事の限界はいつまでも広がりはしないだろう。

（ここ何年か満足に休暇もとつていないが）

とTさんは考えていた。一日でも休めば、事情のわからない同僚に迷惑をかけるだけでなく、彼をたよりにしている人たちの困ることも気になつた。

（こういうのが、つまり本当のケースバカなんだろう）

首すじに吹きこむ冷たい風に、コートの襟を立てながらTさんはそう思つた。

○

〈付記〉

荒川区の福祉事務所を訪ねて、見聞した問題はすべてもりこもうと考えた。だが、紙数の関係もあつてできなかつた。問題があまりにも多過ぎたのである。ここでは触れていないが、保護の基準額の問題がある。

例えば、住宅扶助は月額最高が6500円まで出せる。しかし現実の簡易宿泊所の料金は、2～3帖で一日最低でも250円～300円はとつているという。また、生活扶助の基準額だけで、1か月間実際に暮してみたという女性のケースワーカーの話も聞いた。彼女は、その1か月で体重が2貫匁《かんめ》（7.5キロ）やせ、仕事をするだけの体力はなくなつていた。医師の診断でも病的な症状が認められたという。

また、保育所の問題もある。保育所は、子供のいる共稼ぎの家庭、母子家庭、父子家庭で必要になるわけだが、公立保育所の子供を預かる保育時間が、大体午後3時頃までというのが気になつた。母親が内職をするとか、パートタイムに出るための保育所ならこれでもよい。しかし普通の職場で、フルに働かなければ食つていけない父親、母親にとつて、これでは役に立たない。父子家庭、母子家庭の問題で、死別はともかく、生別の場合、昔は妻と子を捨てて父親の出て行くケースが圧倒的に多かつたそうだが、最近は、母親が夫と子を捨てて家出するケースが目立つているという。

これもまた、戦後の女と靴下の関係かと興味深かつた（もちろん実際にはいろいろ理由があるのだが）。「区政概要」によると、人口28万7000人に対し被保険者は2100世帯約5000人、荒川区は都内23区の中で、保護率の高い方で、足立、板橋に次ぐ3番目だということだが、その統計で、生活保護の開始原因、廃止原因は次のようになつている。

▼開始原因
世帯主の傷病＝64・5％、世帯員の傷病＝8.2％、勤労収入の減少＝5.5％、他管内より転入＝4.6％、世帯主の死離別＝4.5％、年金仕送り等の減少＝3.6％、その他＝9.1％
▼廃止原因
世帯主の傷病の治ゆ＝25・4％、世帯員の傷病の治ゆ＝4.8％、他管内へ転出＝12・7％、勤労収入の増加＝14・3％、年金仕送り等の増加＝なし、死亡＝9.5％、その他＝33・3％
このほかに医療扶助の中で、重症な結核、精神病が多いのも注目すべき点といえるだろう。これらの問題については、機会を見て、もう一度眺めてみたいと思う。
（笹本治郎）
1966（昭和41）年12月　健康保険第20巻12号「ルポ・日本の社会保障とその背景」掲載

Ⅲ．墨田区職員報「ひろば」

面接室から友へ（前便）

Aさん

この間、思いがけなくあなたと新宿でばったり出会って、そのまま喫茶店に直行、時間の経つのも忘れてしゃべってしまいましたね。気がついた時には夜もだいぶ更けていて、危うく終電に駆け込む始末でした。

あれからもう1か月も経ってしまいましたが、あの時あれだけしゃべり合ったのに、まだしゃべり足りない気持が日を追うにつれて頭を離れないばかりか、一層つのるばかりです。この次に会う機会まで我慢出来そうにもありませんので、ペンをとりました。

偶然だったとはいえ、あなたと久しぶりに出会って話し合った事は、眠っていた僕の心を刺激しました。今までにいく度か自分なりに試みてきた面接についての考え方や方法などについて、原点に帰るきっかけを与えてもらった事を感謝しています。

Aさん

あなたがしきりに言っていた、よい面接についてですが、それは、福祉事務所がどのような役割を持って存在しているのか、と置き換えてみる事も出来そうです。そしてもっと言うならば、行政というものが、地域住民（主権者）の要求に本当の意味で充分に応えられるべく、常に用意されていなければならないという事にもなるのではないでしょうか。

話がどうしても福祉事務所的になってしまいますが、勤務している関係上、こうなってしまう事を多分許してもらえると思いつつ、先に進みます。

Aさん

福祉事務所には、毎日いろいろな問題を抱えた人々（内容はかなり深刻です）がやってきます。住民はまず、受付でふるいにかけられます。そして主訴の内容によっては、他課などに案内されますが、残りの人が面接室の狭い個室に入ってきて、本格的に行政と対置します。この時住民は、行政の一員であり、言ってみれば行政の顔である面接員に対して、ある時は重い口をやっと開き、ある時はほとばしりと言ってよいほどに思いのたけをぶちまけたりします。

そして面接室にいる間、絶えず不安と緊張感の連続だと思います。考えてみれば、住民にとっては見知らぬ所にやって来たようなものですから、当然なのかもしれません。

Aさん

面接員がこうした中で住民を迎える場合、福祉事務所へたどり着くまでの心の屈折や、どんな思いをして行政の窓口を叩いたのかについての配慮が必要です。また、その生活の苦しさについて共感を覚え、理解を持とうと努力する事が大切のようです。こうした事の中から、相手を信頼し、その訴えに真剣に耳を傾ける姿勢が生まれてくるのではないでしょうか。

わたくしたち行政マンが、いくら表面的に笑顔で住民に接したとしても、いくら優しい言葉を使ったとしても、わたくしたちが背中に背負っている行政力は必ずしも住民に微笑んでいる訳ではないという認識を忘れてはならないと思うのです。

この認識を頭の隅に置きながら、住民の要求を聞き出し、適切な援助をするなど、所謂面接の技術も重要な要素としてある訳ですが、わたくしたちは慣れからくる小手先の技術に走りがちです。「目的意識を持つべきである」と言われてきているのも、実はこの辺をさして言っているのではないでしょうか。

はっきり言って、「これが面接だ」という確固たるお手本はないのではないでしょうか。

福祉事務所相談係　髙木博光

1975（昭和50）年8月　墨田区職員報「ひろば」第159号　掲載

面接室から友へ（後便）

Aさん

仮に、面接の良い見本があるとしましょう。その場合、当初はそれを批判しながらにしても、受け入れる事にはなっていくでしょう。しかしやがては、現実と見本の相違がはっきりしてきて、否定せざるを得ない方向に進んでいきます。それは、所詮借物だからです。他人の論理ですから、いともたやすく乗る事が出来たのですし、簡単に捨てられる訳です。

自らが考え、傷つきながら作り上げた論理は、人が何と言おうとそうそう放棄する訳にはいきませんし、執拗にその事にしがみつくでしょう。

このような格好の悪さがなくなって、なんとなくまとまってしまい、一応は数をこなしていく、という現象が増えている事に不安を感じませんか。相手の痛みを自分の痛みとして感じ、だからこそそのためにも苦労をし、試行錯誤を繰返す中で、いつしか実感としてつかみ取っていくべきです。

こう考えてくると、「これが面接だ」という見本は僕にとってそれほど必要でもなくなってくるのです。

Aさん

あなたとしゃべった中でのもう一つは「面接員はワーカーとの橋渡し」という事です。あなたの言った意味は、来所者の気持を、ワーカーにどのようにしたら充分に伝えられるだろうか、という事で理

解したのですが、それでよいのでしょうか。

あなたに限らず、面接員の一番悩む場面でしょうし、この時にこそその姿勢が重要となります。極めて現実的で、しかも実態的に言うならば、この橋渡しは、ややもすると生活保護の申請を出来るだけ受理しない方向での役割として機能してしまいがちです。橋を渡す前に、押しとどめてしまうからです。

ケースワーカーの考えの底には、ケースが増えてほしくないという意識が作用しているからです。面接員も、ワーカーと同じ行政のカテゴリーに属している訳ですから、これとどうしても共存してしまいがちです。おそらく、面接員が共存を避けた時、行政の内部での孤立化を招き、ヘタをすると憎まれ役にまで発展してしまうでしょう。そうならないためには、時間をかけてでも「劣等処遇」の思想を職場の中から追放する事が必要でしょう。

『来所する人々の保障される生活水準は、労働者の生活よりも低いのが当然で、一般国民の勤労意欲を失わせるようなものであってはならない。それを許すと、困窮者の数が増加してしまうからだ』と言われていますが、わたくしたちが背負っている行政力というものへの認識も、住民のよき代弁者としての橋渡し役も、ひとつにはこの事にかかっているとは思いませんか。

これはある本の孫引きになりますが、わたくしたちは、日夜国民の最低限度の生活を守るために働いております。そして、今後ますます経済・政治・社会に起こる変化を冷静に分析して見逃さず、客観的な基盤と条件を正しくつかむための、具体的な実践に移るべき時がきているような気がします。

Aさん

思ったり考えたりする事があまりにも多く、一度に済ませようなどと焦った事が、結局は舌足らずのものとなってしまいました。やはりあなたとは時間を忘れてしゃべり合うべきで、この次、それもなるべく早い時期にそのチャンスをつくってください。

では、お元気で……。

福祉事務所相談係　髙木博光

1975（昭和50）年9月　墨田区職員報「ひろば」第160号　掲載

Ⅳ. 東京都福祉事務所現業員協議会時代

研究活動と学習会と……

1969（昭和44）年に荒川区から墨田区に異動をして間もなく、数人で読書会をした。このグループが他に移った後、都現協の墨田版として「福祉を考える会」をつくったことがある。暫くの間続いたが、これもメンバーの異動などによって自然と消滅してしまった。2年前の5月から、団塊の世代や若手が中心となって学習会が始まった。待望久しいものでとても嬉しかった。運営や方法などもセオリー通りに進んで居り、安心した。だから「大変だな」と察することも出来る。毎日の仕事を進めていく場面で、いつもスムーズにいくとは限らない。相手の人が千差万別であり、職場の同僚たちの考えも十人十色だ。

そんな時のよりどころに、学習会で学んだことも支えの一部となっているに違いない。勉強になる、視野が広まる、人が信じられる、謙虚に物事を考える、よい意味で疑問が持てる、失敗をしても次のエネルギーに転化させられる、等々、早く言えば学んでいくことの中から人間が育てられるということである。私たちは「よい仕事をしたい」と心の隅では思っている。それを具体化させてくれる役目を学習会で学ぶ個々人が、主体的に取り組もうとする姿勢があってのことであろう。要するに私たちは、心の中をいつも豊かに保つように心掛けるべきだし、日々精進していくことも大切である。そのうえオルガナイザーとして意識的に行動を広げていくことも重要であろう。

1972年　都現協誌　掲載

生活保護の適正化の問題から

東京都福祉事務所現業委員協議会

1．発端

去る1981（昭和56）年10月、厚生省が主催した全国保護課長会議が4つのブロックにわかれて開催された。ここで協議されたのは、「不正受給」対策としての資産状況や収入申告書の様式の変更についてだった。これに基づいて、同年11月17日付の通知が、厚生省社会局保護課長、同局監査指導課長の連名で各都道府県、指定都市民生主管部（局）長宛に出された。

2．中身

（1）新規申請

①面接時、申請者の資産の保有を種類ごとに克明に記入させて「記入内容が事実に相違ありません」と念書させ、これについて実施機関が関係先に照会することに同意する旨を記入し、署名・捺印したものを提出させる。

②収入状況についても、前記と同様のものを提出させる。

③前記の①②について、提出や調査を拒む者には法第28条の規定によって、保

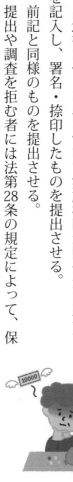

護申請の却下を検討する。

（2） 継続ケース

①収入申告等の提出があって、これを検討したり、訪問調査等によって不明な点が判明したとき、新規申請の場合と同様に、収入状況や資産の取得について種類ごとに克明に記入して念書させ、関係機関への照会を同意する旨を署名・捺印させて提出させる。

②前記の結果、「不正受給」がはっきりしたら法第78条により徴収するほか法第85条か刑法の規定に係る告発を検討する。

③資料の提出や、調査を拒む者に対しては、文書で指導・指示し、これに従わなかったときは、法第62条によって停止等を行うか、法第28条に基づく停止等を検討する。等々……

3. 経過

都内ではこの通知をめぐって当局等と交渉が持たれた。結果は次頁の通りである。

4. 動き

☆国は4月から実施を目指して準則を検討中。都はそのままにして他を実施させ、暫く後に外堀を埋めた段階で都に及んでくるようである。

☆都生連（東京都生活と健康を守る会連合会）は可能な支部で福祉事務所長の組合と交渉を進めていく方針である。

当局等と交渉が持たれた結果

1981.11.17（S56）	通知が出される
1982.1.12	都、保護課から特区連（特別区職員労働組合連合会）に対して通知についての意見を求めてきた。特区連としては内容的に問題があるので当局へ返上を要請
1982.1.13	所長会で検討される。特区連に無断で実施したことに対して厳重抗議
1982.1.14	すでに新聞等で通知の内容が報道されているため、都としては20日に行われる所長会に資料として流したい旨の申し入れがあったので、特区連としてはこれを了承
1982.1.20	所長会において通知全文のコピーが資料として渡される
1982.2.15	自治省が厚生省と交渉。厚生省は現場からの要望に応えた迄と答弁「生活と福祉　No,309」様式の準則化を表明
1982.2.16	都が都生連、都職労（東京都庁職員労働組合）民生支部に対して作成した様式を提示して意見を聴取
1982.2.17	上記様式を特区連にも提示する
1982.2.19	同様式、所長会においても提示する
1982.2.23	都、保護課長より特区連に対して2月17日の様式の提起を撤回するとの申し出があり、現段階では都として国の通知には一切対応しない旨の回答あり

☆都現協としてはこの通知の持っている意味の重大性を認識し、都現協ニュース緊急号を発行する。3月6日（土）には、このための例会をもって統一的見解をまとめる作業に入る。

☆都以外の動き……京都、大阪、神戸などは無条件には受け入れていないようだが、予断は許せない。福岡ではかなりの問題性を意識しているようである。横浜は楽観視できない状態である。広島は、市の段階では実施の方向にあるようだが、県のレベルでは必要に応じて柔軟な対応を取ることを検討中のようである。一部を空洞化して実施して、念書は取らない。

☆大都市においてはこの問題に対して一定の見解をもっての抵抗や安易に受け入れる傾向にはないようだが、これ以外の県、市などの大部分では実施について歓迎する方向が強いようである。

5. 論議　アラカルト

都内の中で、この問題に関心を持っている職場からの論議や都現協例会、研究グループなどで話し合われたことなどを纏めると、凡《およ》そ次のような会話が成り立つようである。

◎その会話

A君　なぜ急にこの忙しい時期に出してきたのだろうか。

B男　当たり前さ、第3次引き締めがしっかりと始まったからじゃないか。

A君　こんなことをやって「不正受給」がなくなると思うかい？

C介　まあ、なくならないだろうね。

A君　それならわざわざ様式まで変更して大騒ぎすることないじゃないか。

B男　わかってないなー。「不正受給」が目当てじゃなくて、国民の意識を委縮させて出来るだけ生活保護を利用させない、窓口を狭める方向に持って行こうとしている訳よ。

C介　つまり解説をすると「権利を失わせ保護を抑制する」ことになるのさ。しかも「要保護者に対して挙証責任を負わせる」ことが出来るし、「不正防止の心理的な効果が期待出来る」と国は考えている訳だよ。

A君　それはおかしいよ。「不正受給」の問題は過去にもあって、現場では相当深刻に受け止めていた。だけど、あれだってほんの一部にスポットが当てられて「やられた！」という感じがしてならないよ。

B男　君は最近の一連の週刊誌を始めとする暴力団関係の、極端な「不正受給」のキャンペーン記事を読んでいないのかい？

A君　どうせ事実と違うことが書いてあるし、ほんの一部を拡大して面白おかしく読ませようとしているものを、わざわざお金を出して読む気にはならないよ。

C介　だから君は遅れていると言われるんだよ。いいかい、一般の国民にこういうことを繰り返し知らせることで、社会的な地ならしを作り上げているんじゃないか。

N子　そんな暢気《のんき》なことを言わないでよ。いい？　私たちのやっている仕事は資産調査を突っつくのではなくて、それもあるかもしれないけど、まず その世帯の生活がどうなっているかを把握することでしょ。

C介　そうだ、そうだ！

N子　茶化さないでよ。これは大変なことよ。もしもこれが実施されたら、ワーカーは何をしても構わないという気持ちになっていくんじゃないかしら。保護を受けさせてやっているんだから、言うことを聞かない奴はビシビシやっても良いという考えにもなっていくわよ。それでなくても、この頃おかしいことが多いんだから。
B男　つまり君の言いたい本当のところは、制度の不備と言うか、条件整備が充分に図られていない現状で、念書、同意書問題が出てくるというのは非常に危険だというのだろう？
C介　それもそうだけど、われわれの側にも考えなければならないものがあると思うな。例えばこういうものが出てくることを許してしまっているという現場の弱さと言うのかなー…。
N子　弱いということは否定しないわよ。否定しないけど、異動で皆移ってしまって骨抜きにされていることだって原因になっていると思うわ。だから、仕事上の合意事項が影も形もなくなっていく中で頑張るのはしんどいわよ。
A君　思うんだけど、生活保護利用世帯のストック部分をどこまで保障していけるかに、もっと目を向けるべきではないのかな。
C介　だから!!　!!　!!
B男　君、そう興奮するなよ。
C介　別に興奮している訳ではないけど、現実に訪問してだよ、実施要領で認められていないから「あなた、これはすぐに売ってください」と言えないことなんていくらでもあるよ。
N子　そうよねー。ワーカーってそこで悩むのよね。これも仕事の一部だと思っていたけど、もうそれもなくなってしまうわよね。
B男　うーん、考えちゃうね。でもねー、悩み派と事務派が二つに分かれて対立してしまっては、事態はもっと悪くなるのでは…？　かと言って展望もすぐには出てこないしなー…。

C介　これは聞いた話だけどね、ある暴力団関係で組への上納金が支払えなくて、保護証明を出してまけてもらっている例があるというよ。
N子　うっそー。本当…？
A君　君、話としては面白いけど、信じられないねー。友人たちにも聞いてみるけど、国が言うほど生活保護と暴力団との関係が密接だなんて誰も肯定しないんじゃないかな。
N子　東京以外ではどんな状況なのか、知りたい気もするわね。
B男　どちらかと言うと大都市では反対、それ以外では大歓迎なんじゃない？
N子　私たちは毎日生活保護利用世帯をこの眼で見ている訳だから、抽象論ではなくて具体的な事例を出し合わないといけないわね。
A君　うん。綿密に検討して、われわれの側からはっきりとさせていくべきだね。
D夫　とにかく結論めいて悪いけど、通知の問題点をもっと明確にしていく必要があるし、資産の問題は保護の要否を左右すべきものではなくて、補助資料という位置づけとして考えていくべきではないのかな。これを詰めないと説得力に欠けるし、国に対して対抗出来ないんじゃないかな。

6．これから……

今までの基準や控除などでは、国で言っている最低限度の生活の維持はとても不可能だったし実際問題として足りなかった。近来、保護基準が高いという論議もあるが、われわれが接している中では足りないというのが実感だった。だから、大きな声では言えないが、やむを得ず目を瞑ってきたこともあった。

しかし、そんなことをいつまでもやっていても始まらないし、それがそのままの状態で通り過ぎていくことは決していいことではない。そのことが決して不当ではない、現実の生活の上で必要不可欠である、大切であるということをキチンと決めていくべきである。それを皆の総意として合意に持って行くためには、必要なものを必要であるとの根拠を明確に示して要求していかなければならない。

それには一時扶助、資産保有の問題を具体的な事例を基礎にして拡大していくという作業を出来るだけ尊重していく。国民の誰でもが安心して何の恐れもなく保護が利用出来るものにしていかなければならない。

福祉事務所が地域に関わり合う重要な接点として一定の運営方針を（それぞれの実施機関での独自性を出しながら）確立していくことが求められていないだろうか。

ケース類型の見直しにしても、実態に見合ったものとして現実の生活に根差したものをどれだけくみ取るかによって、その中身は大きく変化してくるだろう。また、要看護ケースなどへの処遇を高めることや充実を図るべきであるにもかかわらず、最近の風潮はどちらかと言えば薄れがちである。

こうした中で「通知」の一点に集中することになれば、現状に拍車をかけていくことになろうし、片手落ちになっていく危険性は高い。

京都の実践過程は、われわれの仕事と見比べてみて謙虚に学ぶべき多くの示唆が含まれていると思う。いずれにしてもわれわれの業務は苦しいし、悩みも多い日々の連続だが、一見社会的に報われるようでいてあながちそうでもない現実があるが、「集団性」という到達点を絞り、全国的な連携を広げていかなければならないのかもしれない。

1982（昭和57）年9月記　投稿する筈が、忘れてしまって手元に残っていた原稿

三上義秀氏を追悼する

正直に言わせていただければ、彼の追悼文など書きたくないのである。今、こうして書いている間にも、彼の死が実感できないでいるからである。これを書き上げることは、彼がこの地球上から永遠に去ってしまったことを認めることになるからである。追悼集の刊行協力の依頼文を頂いても、すぐにその気になれず愚図愚図していたのはそうした理由があったからである。また、心の中では、「お前は書きたくないかもしれないが、書く責任があるのだ」と自問自答を繰り返してもきていた。

さて、いざ書くとなると書く事が多すぎて、とても短時日で纏まるものではない。だが、日時は迫ってくる。ジレンマの毎日であった。漸くペンを持った時に浮かんだのは、嘗て都現協の機関誌を毎年なんとか発行していた頃のことである。

幹事会での討論の中で出たことだが、一杯やりながらの論議ではグッドアイデアが浮かぶのに、文章を書くとなるととても大変だ、という話が飛び交ったことがあった。その時の彼の言葉が、今でも耳に残っている。

「書くと思うな恥をかけ、と言うじゃないか。書こうとして構えると、思い入れが先になってしまって書けない。周囲の思惑を忘れて恥をかこうとすれば、案外すらすら書けるものだぜ」。

「そうだ。そうだっけ」と、今更のように思い出した。以後、稚拙な文章ながら、彼の言葉通りにせっせと恥を書いてきた。当時の都現協の仲間も何人かは書くことになっているので、重複を免れぬが都現協のことに触れざるを得ない。

今となっては、もう都現協の組織は幻と化してしまっている。この研究グループはかなりの歴史もあり、それなりに役目を果たしてきている。具体的な活動については仲間の誰かが書くであろうことを予測して、三上氏との密着度？について若干触れることにする。

彼が都現協の会長に選ばれたのは、１９７３（昭和48）年6月の総会であった。僕と三鷹市の高田光章氏が副会長で、現練馬区の三上宣弘氏が事務局長となった。以後、事務局長は現中野区大沢準一氏、現世田谷区大原隆徳氏と変わったが、彼の会長と僕の副会長のコンビは8年間続いた。

職場の事情や他にも何か理由があったようだが、１９７８（昭和53）年頃辺りから頻《しき》りと会長辞退の申し出があった。結局、昭和56年6月の総会までお願いすることになってしまった。会長職にあると、幹事たちの知らぬ場で意外と支出が多いものだが、そんなことはおくびにも出さない人だった。彼の後に会長を引き受け、年数は一番長いのだがついに幻にしてしまって申し訳なく思っている。

彼の新しい職場での活動について、風の便り程度だったがこき使われているという情報が伝わってきていた。もう少し慎重に彼を大切にして貰えたら、これ程ハヤイ死は訪れなかったのではないかと悔やまれてならない。

彼は弁もたつし、書いても良し、会議のまとめも上手だった。親分肌のところもあって、あの小さい体の中に蓄えられていたエネルギーは、なんともこちらが負けそうだった。彼が倒れた時、幹事たちで連絡を取り合ったが、面会謝絶で当分お見舞いは無理だろうということになり、そのままになってしまった。

今にして思えば、顔だけでも見に行っておけば、もう少し気持ちがすっきりしただろうと思う。お通夜には行かれなかったが、葬儀の日の参列者の多さにはビックリした。幅の広い彼の人柄が偲ばれて、強く深く印象に残った。

とにかくもう一度だけで良い、一杯やりながら彼の熱弁を聞き、語り合いたかった。これだけが心残りである。

それでは恥を書くのはこれで終わります。どうか安らかにお眠りください。「三上さん！」

1993（平成5）年1月17日記　武蔵野市職員三上義秀氏（元都現協会長）への追悼文として

Ⅴ. 水色の傘

第11回東京都職員労働組合　文芸作品応募　１９８８(昭和63)年10月

水色の傘

この投稿は賞を貰えなかった。選者は童門冬二氏で、『いまだに迷っている』という書き出しに見られる通り、全体を通して不透明な作品だ。ムード的な処理ではなく、もっとズバリ表現すべきだ。この作品は、ルポと小説の差の境目に属している。もう少し人間対人間の激しいぶつかり合いを書くべきだ」という批評を頂いている。

水色の傘

東京都墨田区福祉事務所身体障害相談係（区調査員）髙木博光

いまだに迷っている。迷っているというよりも、心の中から離れないでいる、と言った方が本当かもしれない。だからどうだ、と言われてみても今更どうにでもなるという事柄でもない。心の中でA

とＢが葛藤している。どちらも優勢になれずにせめぎ合っている。

10年ひと昔と言うが、それ以上の年月が過ぎ去ってしまっている。どれ程の解決手段の妙味があったところで、僕の範疇を超え、手の届かぬ彼方に行ってしまっている。長い年月が過ぎているから、記憶も淡いものとして薄れかけているのだが、良子（仮名）と最後に別れた場面だけはあまりにも印象深いため、完全に忘れ去る事が出来ないでいる。

そのため、迷っている。迷っているからと言って、どうにかなるものでもないのに……。

◇　◇　◇

残暑が厳しいとはいえ、あれほど暑かった夏も終わって、秋の気配が微妙に肌に感ぜられるようになってきていた。９月の初旬のある日の事である。

午後の面接が一段落をして、「ほっ」と一息ついたばかりの時だった。こういう時はお茶を入れて飲んでみたり回覧文書などに目を通してみたり、無心になろうと努力してみたりなんとなく「ぼーっ」としてみたりする事が多い。そうした事で、意識的にしろ何にしろ自らのストレスを解消しようとしない限り、精神的な疲労が重なるばかりだからである。

「面接員の仕事」と一口に言っても、福祉事務所では人間が相手の仕事で、相対する人々が抱えてくる相談の内容といえば、明るい類のものは殆どと言ってよい程ない。それが当たり前なのかもしれないのだが、とても暗くて、おまけに深刻で、中身が心に重くのしかかってくるものばかりだ。低成長だとか言われたりしながらも、着実に繁栄が続いている日本の豊かさの中で、よくもまあこれほど生活に困った人々が、まるで底なし沼から湧き出してくるように後を絶たないのを目の当たりにすると、底の浅い賑わいがいつまでも続く訳はなく、いつかそのうちに崩れ去ってしまうという思いに駆られてしまう。

福祉事務所に相談に来る人々は、胸を張って足音高くとはいかない。周囲を見回し、誰にも知られずに済むように祈っているように見えるし、それがおずおずとした態度にもなってしまうのだろう。そんな思いでやってくる人々に、面接員はそれなりの考えや意見は持っているものの、ひとまずそれは脇に置いておいて、相手の人の訴えや話をまず聞く事から始めていく。「良き聞き役に徹しろ」と言われているのもこの辺からきているようである。

面接が進む過程で、相談の内容を相手の人が充分理解出来るように整理をし直して、戻しながら反応を見る。更に、どういう事を求めたり考えたりしているのか、などについても確かめながら進行していくという形をとっている。

◇　◇　◇

その日は朝から冷たい小雨が降り出して、午後になると本格的な降りとなり、涼しいというよりも肌寒くさえ感じられる日となっていた。受付用の黄色いカードと面接記録票用紙を受付員から手渡されるとすぐに、「こん、こん」とためらいがちにドアが叩かれた。

「どうぞ、お入りください」

言いながら迎えに立つと、中年の女性がドアの枠にいっぱいという感じで入ってきた。背中には乳児からやっと抜け出たばかりと思える幼女がしっかりと結ばれて、両手には大きな紙袋を提げていた。

彼女、良子は42歳、上背もあり骨太な感じで、体重もそれに見合っているようでがっしりとした印象である。だが、その容姿とは裏腹に、良子の顔にはなんとも言えない苦悩に満ちた表情があり、眉根には深いしわが消える事なく刻まれていた。

――何か、極まった事情があるな――

という事だけでなしに、荷物の量から考えても

――区民ではないな――

と察せられた。良子は深々と黙礼の後座ったのだったが、しばらくは問いかけをしたりしても一点を凝視するでもなく、目を宙に浮かせるでもないまま口を開かなかった。胸中にあるものが複雑に交錯しているためもあるだろうし、あまりにも言いたい事がたまり過ぎていて、そのはけ口を探すのに困っている状態でもあったのだろう。

こういう時は、あまり性急に事を運ばずに相手のペースに合わせた方がよいようである。表情などの動きに対しての観察はそれとなくしながら、良子の胸の内にあるものに合わせて沈黙を守り、こちら側も言葉を発しないままの状態で、声なき会話を試みる事にならざるを得なかった。

雨が本降りとなったために客足が途絶えた事も、良子との面接が長引いてもよい事を可能にしてくれた。ひどく長かったようでもあり、ほんの一瞬のようにも感じたのだが、背中の幼女が狭い部屋に入って来て、暗いせいもあり圧迫感に脅えたのか、むずかり出した。これがきっかけとなって良子の重い口が少しほぐれて、会話の糸口がどうにか見えてきた。

いくら観察をしたからといっても、相手にしゃべってもらわない限り、気持を掴みようがない。とつとつとではあったが、辛さを絞り出すようにして話し始めたので、ほっとした。良子の話を聞いているうちに、なんともやりきれない思いに気も滅入るばかりだった。なんとか職業意識をかき立てて話の進行を促す以外には、専ら聞く事に集中した。

相談の内容と当所にたどり着くまでの概略は、次のようなものであった。

◇　◇　◇

（良子から聞き出した事）

毎月の生活費は、どうやってきりもりをしても足りなかった。疲れて帰ってくる夫の顔を見ると、その事がどうしても言い出しかねているうちに、ついついサラ金に手を出してしまった。サラ金に手を出す人の多くが誰しもそうであるように、良子も少額を借りる事から始めている。夫の給料を待ちかねたようにして、返済は催促されないうちに済ませていた。だが、すぐ足りなくなるからまた借りる。そんな繰り返しの中で、気がついた時は200万ぐらいにまでふくれあがってしまっていた。

かなり前の事だったが、1回だけ実兄に泣きついて、50万ばかりを肩代わりしてもらった事がある。「もう二度とやってくれるなよ」ときつく言われている。

今更どうするにも方法が思い浮かばず、夫にも4人の子どもたちにもわからないようにするだけでも、大変な苦労だった。唯一の解決方法は勿論返済をする事だが、それが出来ないから困っている。思いつめた結果、万策尽きた事を自覚せざるを得なかった。

とにかくまず家を出る事だ、との考えで頭がいっぱいとなった。夫の事も4人の子どもたちの事も、頭の中から消えていた。出来るか出来ないかの検討の余地のないまま、東京に行って幼女を預けて働き、いくらかずつでも返す事にしようと自分で決めた。T市から午後4時の列車に乗り、B市で乗り換えて今朝の7時半に東京駅にたどり着いた。

生まれてこの方、東京など来た事もなかったが、「浅草」という地名だけが頭の中に残っていて、訳もわからぬまま駅員に恐る恐る聞いてみた。

「神田で地下鉄に乗り換えれば、浅草が終点ですよ」と教えられた。

浅草に到着をしたものの案内がよくわからず、あわただしく行き交う人たちを見ているとなんとなく勇気がなくて、地上に出るだけでもあちこちぐるぐるまわって、かなりの時間がかかってしまった。空腹で泣き出した幼女をなだめながら、すぐ目の前にあったそば屋で、朝食兼昼食を済ませた。

少しずつでも東京の雰囲気に慣れなければいけないと自分に言い聞かせた。思いきって通りすがりの老婆に、一番近い役所を尋ねたところ、当所を教えられたのだと言う。ここへ来るにも地理がよくわからないから、ずいぶん時間がかかった。区の庁舎に到着した後、福祉事務所の窓口に来るのにも、良子の訴えが今ひとつはっきりしないため、あちこちとたらい回しの後ようやくにしてたどり着き、受け付けられたのだった。

23区の福祉事務所は、今では区役所の中の一つの部として存在している。他の課でもてあまし気味の内容のものや、とにかくなんだかわからぬが、どうも見たところ困っていそうだから、と判断されたりするとよく回されてくる。こういう場合だけとは限らぬが、話の内容をよく聞いてみると、つっけんどんにされたのでそれ以上言えなくなってしまっているうちに回されたとか、結局最初の課に戻ってもらわなければならなくなり、やむを得ず一緒について行って代弁しなければならない事もある。

◇　◇　◇

良子が居住しているT市は、中国地方でもどちらかと言うと広島県寄りで、瀬戸内海のS灘に面した工業都市である。市営住宅には11年前から住んでいる。連棟の平屋建てで6畳、4.5畳の二間にキッチンである。良子の夫は58歳になっていて、定年すれすれか一旦退職した後、嘱託か何かで再就職したものなのか、そこのところは不明だったが、国内でも大手に属する運輸会社の運転手である。月収は16万円だという。

家族の構成は、主が58歳、良子42歳、長女11歳で小学5年、長男10歳で小学4年、次男9歳で小学3年、次女1歳の6人である。良子は、今の夫とは再婚である。別れた夫との間には、20歳の長女と17歳の高3の次女の2人がいるが、同じ市内に良子の母と住んでいる。夫は気の優しいところがあって、先夫の子どもたちの学費を出してくれた事がある。良子にとってみれば、それは嬉しい事には違いなかったが、かえって彼女の心の中に夫から仮が出来てしまったようで、負担が重く残ってしまった。

夫の16万の月収は、いくら手つかずに持ってきたところで、家族6人の生活費には事欠いたに違いなかった。サラ金を借り始めたのは3年ぐらい前からである。勿論、夫には内緒の事である。生活費が足りないから借りたのであり、元金や利息を催促される段階になって事の重大さに気づいた時には、深みにはまっていて時すでに遅かった。

夫には本当の事が言えないから、なんとか理由をつけて働き始め、少しずつは返す事が出来たのだったが、利息の穴埋め程度のものでしかなかった。その時点で、実兄に肩代わりしてもらった50万円で多少は息がつけた。ところが、皮肉な事に背中にいる次女を妊娠した事で働けなくなり、またサラ金に手を出してしまう事になった。こうなると後は雪だるま式に増えていって、前述のように200万円余りにまでふくれあがってしまった訳であった。良子としては、次女を何処かに預けて、働きながら夫のもとに送金するつもりであったと言う。

この良子の無謀とも言える行為に対して、僕は笑う事が出来なかった。この思いつめた良子を非難する事は、誰にも出来ないと思った。役目がら、尋ねたり聞き出したりしながら、夫の勤務先もすぐに判明した。事情を説明するつもりで、夫に電話をする前に良子に了解を求めた。

「電話されるぐらいなら、結構です。すぐ帰ります」と立ち上がった。

背中の次女が、まるで状況を飲み込んだかのように、火のつくように泣き出した。

「わかった、わかりました。電話はしませんから、座ってください」

良子はかなり慌てた表情をしたが、電話をかけない事について信頼がおけるように思ったのか、素直に元の椅子に座り直した。夫に連絡しない事で、当面どうするかを考えると、果たしてどんな打開方法が見い出せるか思い悩んだ。夫に電話しないとすれば、彼女を家になんとか帰さなければならないと考えた。家を出て、まだ1日しか経過していない。帰るとすれば、早いほどよい。このままでいると、家庭は完全に崩壊してしまうだろう。それはなんとか避けなければならない。

一時的に混乱はあっても、よく話し合えばなんとか展望が開かれるのではないか。夫はそんなに悪い人ではなさそうだし、今後の事についてざっくばらんに話せばきっと理解してくれる、という線で説得に当たった。手持ち金が約3万円余りあるので、それで帰れる事、夫や子どもたちに内緒で来てしまった事、1歳になったばかりの次女を抱えていてはそう簡単に働く事はおぼつかない事、もしも児童相談所で次女を受け入れてくれたとしても、必ず夫のもとに連絡は行ってしまうから隠す事は不可能だろうという事、などについてゆっくり話していった。

約1時間後、ようやくにしてその気になった良子は、どんな思いを心の中に描いていた事であろうか……。

◇　◇　◇

雨はかなり降っていて、止みそうにない。その日は傘を持って家を出て来なかったので思案していたところ、相談の内容の行方を心配していた同僚の女性が気の毒がって、

「1回使っただけですが、お使いください。少しばかり派手ですけれど……」

と差し出してきた。

あざやかな水色の傘で、新品同様のものだった。近くの駅まで良子を送って行った。先を歩く良子がさしている水色の傘が、雨に濡れてひときわ鮮明に町中を揺れていく。東京駅までの地図や乗換駅などを細かく書いた紙片と、次女にせめてものおみやげにと袋入りのキャンディーを渡した。

良子母子は電車に乗り、腰かけた姿を確認し、こちらを向いて頭を何度も下げているさまが視界から消えていくまで見続けた。職場に戻ろうとして振り返った目の中に、良子が置いて行った水色の傘

が駅の構内の手すりにぶら下がっていた。その先端からはひっきりなしに雫が伝わって、コンクリートに落ちていた。まるでそれは良子の悲しみの涙のように……。

◇　◇　◇

良子の相談内容についての処置が、正しかったにしてもそうでなかったにしても、10年以上も経過している事柄である。それでも忘れられないでいるのは、水色の傘から伝わり落ちる雫が、良子の悲しみとしてダブり心強く印象づけられたせいでもある。あの時、もう少し良子に説得をして夫に電話をしておけば、問題の糸口が別の角度から見出だせたかもしれない。良子が帰ったところで大変な現実が待っているのだから、それよりも緊急に母子寮などへ収容させて、ゆっくりと今後の事を良子と話し合いながら決めても遅くはなかったのではないか。

いやしかし、良子を敢えて苦しい生活の待ち受けている家に帰した事は、これからもいくつかの難関を夫に助けられながら、乗り越えてもらいたいと願ったからではなかったか。そんな綺麗事で良子の生活が済まされる訳がないではないか。彼女は本当に助けを求めて来たのだし、どうしてそれを素直に受け入れずに非常にも帰してしまったのだ。

迷いは果てしなく広がっていく。いまだにこの事に迷っている。迷ってもどうしようもない年月が経過しているというのに……。

Ⅵ．公的扶助研究誌など①

１９７５（昭和50）年～２００６（平成18）年

――機関誌への投稿――

ここからは、全国公的扶助研究会の機関誌に掲載したものを中心に年代順に纏めた。自分の思いの丈や、普段考えたり不審に思っている事などを表現する場所は何処であろうか、と考えるとやはり公扶研の機関誌が一番ふさわしいと思い、只管書き上げて来た。

それがこの本の中で大幅な部分を占めることになった。内容的には決して満足している訳ではない。むしろ、書いて記事になってしまってから冷や汗をかいたことも屡々《しばしば》あった。半ば傲慢な態度については批判的に見られていたかもしれないが、何とかここまで来た。

機関誌は大きな懐のようでいて、ユックリ泳いでこられた。ありがたく思っているところである。

2冊目にその大部分を収めることが出来て嬉しく思っている。これからも精進をして、書き続けていきたいものである。

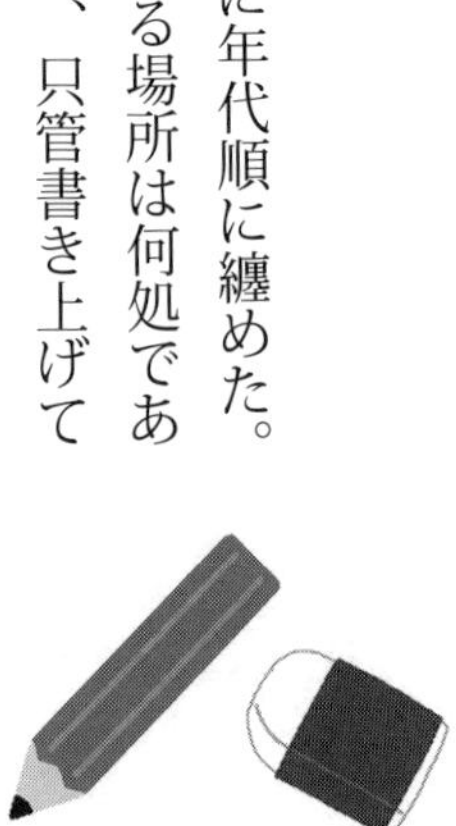

面接員と担当員

面接員になってから、早くも3年半が過ぎようとしている。地区担当員の時代は外へ出る機会が多かったが、面接員となってからは面接室の中で過ごすことが殆どで、1日を非常に長く感ずるようになった。

どうもこれは精神衛生上よくないと考えられてきたので、出来るだけ面接室に閉じこもらないように心掛けている。

面接員になってみて、地域の状況に疎くなったことは事実のようである。そしてそれは焦りを誘うようになった。毎日いろいろな問題を抱えた人々が来所してくる。それぞれに対応した面接をしながら、果たして相手の来所をじっと待っているだけでよいのだろうか。福祉事務所の在り方はこれでよいのだろうか、との思いが募っていく。

今にして思うと、担当員の頃は同じ焦りでも、自己の地域に限られていたような気がする。自分の範囲をとにかく全うすればよい、という考えは絶えず心の中にあったようである。ところが、面接の場の中では仕事の性格上と言ってもよいと思うが、所内の事務の流れが一貫して眺められる状態にあるため、地域における福祉事務所の在り方について非常に気になってきた。このことは、面接員と地区担当員の協調性の大切さを教えてくれた。

例えば、申請書を一つ取るにしても、それが取り下げとなるか却下になってしまうのかについて、担当員に渡してしまえば、実態としてその後どうなったかは分からない。一人ひとりにあたって聞けなくもないが、同じ職場の同僚にしつこく問いただすことはかなり勇気が必要なこともある。

しかし、来所者の良き代弁者となるためには、担当者に嫌われても問題を曖昧にすべきではないとも考えられる。外部から見て面接員は甘く、担当員は辛いという評価は、出来るだけ避けなければならないだろうし、それはいたずらに来所者を混乱させ、行政に対して不信を抱かせることにならないだろうか。

こう考えると、面接員と担当員の間で時間をかけながら、日常の職場の問題を具体的に解決していく中から、劣等処遇の思想を一つひとつ取り除いていくことで一致する必要があると考えている。

そして、このことが福祉事務所の在り方の重要な鍵を握っていくような気がするのだが――。

１９７５年11・12月号　公的扶助研究　掲載

北国の地酒とセミナー

髙木博光（墨田区）

東北ブロックセミナーへの参加も、今回の福島第5回を加えると3回目になり、ごく当たり前のような気持になってきました。私の年間スケジュールのなかにもすっかり定着してしまいました。

第3回の秋田から参加を始めた訳ですが、正直に言うと、寒さに弱いので積極的な参加というよりも、ついでに東北の旅を楽しもうという気分でした。はじめての秋田での夜の懇親会で、地酒の山にびっくり。これをエネルギー源として、明け方まで語りあかす。まるで時間をむさぼるようにして――。

この印象が非常に強烈で、1年分のかたまりをドッと投げ出すようなタフぶりに、心から脱帽してしまいました。

面接員となって5年が経過してしまいましたが、山谷の人口が不況などの影響を受けて激減し、その余波が近接区である当区にも及び、いわゆる住所不定と言われている人々の来所が目立って増えています。

実は、墨田区に転勤してくる前の2年間、荒川区からの派遣で、山谷で面接相談員をしていた事がありました。その頃、来所する人々の出身地に興味を持ち調べているうちに、北海道から東北の出身者が多い事も知りました。

一人の人間が、大都会のなかにあって仕事上の負傷などでいつの間にか住所不定というらく印を押され、誰に看取られる事もなく死んでいく現実を、いや

という程見せつけられてきました。その度に、その人たちを荒廃させ、死に追いやった原因に目を向けなければならないと思い続けてきました。

一人の人間の死が、行政の中であまり問題にならないのはどうした訳でしょうか。日本国憲法第25条に規定している生存権、それに基づいての生活保護法第1条の理念は、いったいどこへ行ってしまったのでしょう。

ともすると、都会のジャングルの中で生活していると「東北の貧困」などと一口に片づけてしまいがちですが、「百聞は一見にしかず」で、東北セミナーに出席するたびに、安易に使うべきではないと思い始めてきましたし、それがわかりかけてきた事は、私にとって重要な事です。この認識を、これからも大事にしていきたいと思っています。

それはそれとして、地域差と言うか、気候風土と言うか、やはり東京都とはずいぶん違うなぁと思いました。

一つには、社協活動の活発な事でした。東京の場合、特に23区では社協活動の具体的なものをあまり耳にしません。極端な事を言えば、「社協って何?」という返事が返ってきます。通常、法外援護をするところ、程度の認識しかないようです。しかし、東北のそれは、福祉事務所の職員が主体的にかかわりあっている事と、その活動状況が分科会の中で、具体的に、しかも生々しく報告され、東京では考えてもみられなかった事に目をみはりました。

二つには訪問の困難さです。雪で道が遮断されたら、山を越え、谷を越え、車を使っては長距離ドライブをしているようなものなのでしょうか。東京では、病院などへの移送で往復する事がありますが、それは稀な出来事です。東北ではそれを上回った距離が日常の訪問活動という事のようで、東北の特殊性と言ってしまえばそれまででしょうが、その困難さは実感として納得する範囲を超えてしまいます。

三つには、各分科会に福祉事務所長や県の監査官などの参加が目につく事です。そしてその人たちも、特に別扱いやつるし上げられる事もなく、参加者の一員として討議に参加して、意見を述べている事です。これとても、東京ではあまり例を見ません。

このほか、数えあげればいくつかありますが、それはさておき、地理的な条件も原因はしていることでしょう。が、なんと言っても東北セミナーの特徴は、その懇親会での交流に象徴されるように、家族的な雰囲気と人間同士の結びつきが温かい事だと思います。

結局は、この事がいろいろな困難を克服して、毎回成功させる源になっているのでしょうか。更に、地味な研究活動が着実に根づいている事も感ぜられます。

ただ一つの不満があるとすれば、討議の時間が短すぎる事です。幸にも福島での最終全大会の折に、今後の検討課題として約束されたようなので、期待しています。

これからも東京の空から、北海道・東北ブロックでの研究活動が発展するように、応援したい気持でいっぱいです。そしてお互いの研究活動の輪を、より広くつなげていくように誓い合いたいと思います。

次回の仙台での開催を楽しみにしています。


1977年3月20日（日）公的扶助研究通信No,5　掲載

「だまって見てはいられない・その2」第2回東部地域ねたきり老人実態調査報告集

面接相談員として老人を考える

墨田区福祉事務所面接相談員　髙木博光

今回の調査については、福祉事務所の場合の協力体制としては、組合の協力を得てケースワーカー、老人福祉ワーカー、精薄福祉ワーカー、面接員などの有志で取組まざるを得ませんでした。

実を言うと、2年前から所内で老人調査を実施する計画があって、当初は台帳整備という事務的な作業から始める予定でした。それが、問題の性質上、中身をきちんとしたものとして位置づけなければ意味がない、という声が結果的に大勢を占め、以後、生保改善委員会（所内での具体的な問題などを研究・討議する場で、大体毎月開催しています）で討議を続けてきていました。

昭和52（1977）年10月にようやく結論を出し、所の業務の一環としての取組みが決まった訳でした。52年12月いっぱいで調査を済ませる予定であり、言うなれば、懇談会の調査内容と若干相違はありますが、「ねたきり老人」の問題を考えるについては基本的には一致していると思います。スタートは前後しましたけれども、それぞれの立場から「ねたきり老人」の問題について、並行して進んできたと言えます。

さて、今度の報告については、互いになかなか集まって検討出来なかった事もあり、とりあえず私の感じたまま、考えついたままを述べておき、後日、所内での調査結果とも合わせて内容を深めていきたいと思います。

墨田区における人口と老人

現在私は面接員をしています。毎日様々な人々がいろいろな問題を抱えて来所します。その時どきに応じた相談内容を通して、考えている事などを述べたいと思います。

まず、当区の人口の変遷が、興味ある問題を持っていると思います。当区は、元来本所区と向島区が合併して出来たものですが、本所は殆ど戦災に遭い、向島は比較的戦災を免れたためか、本所よりも古い家が残っており、老人もこの地域に多く住んでいるのではないでしょうか。

従って、当区で分担した調査地区も向島の中の墨田が選ばれました。当区の人口の戦後最高は、昭和35（１９６５）年で31万９０００人となっています。これが、昭和37年から減少が始まり、多い時で昭和45（１９７０）年から昭和46年にかけて、年間８８００余人の減少をみています。昭和50（１９７５）年からそのペースは落ちていますが、老齢人口を見てみると、昭和37年には1万１３４６名（3.6％）だったものが、昭和51年には1万９４３０名（7.7％）と2倍以上に達し、その伸び率は衰えを見せていません。しかも、当区の人口減の中身を見ても、稼動年齢層の転出が目立っています。

次頁の表は、当区の老人生活保護利用世帯の数です。

少しばかり途中が欠けていたりして充分なものとは言えませんが、最後の拠り所となる生活保護を

利用している老人の増加状況とを合わせて考えてみても、その滞留化現象が著しく速度を速めている事がわかっていただけると思います。

老人の生活状況について

低成長下で、しかも慢性的なインフレ・物価高・円高の影響などで、ただでさえ苦しい老人の生活は、想像以上だと思います。老人が一度退職してしまった場合、再就職する事など現実の問題として不可能でしょう。年金や貯金などがあっても、今の世の中の経済事情ではすぐに使い果たしてしまいます。

核家族化が最近見直され、特に若い世代の意識の中でそうした傾向をくいとめようとする動きもあると聞きますが、毎日老人と接し、その訴えを聞いている限りでは、やはり核家族化は進行していると思えてなりません。

核家族化の問題が出ると、戦前の大家族制度の崩壊がとかく取り上げられがちですが、老人の訴えの中からは、勿論それもありますが、経済的な重圧に耐えかねて泣く泣く核家族化していかざるを得ない現実がうかがわれます。それを、われわれは見落としていないだろうかという事です。ましてや単身老人になると、当区のように下町の人情が厚いと言わ

墨田区の老人生活保護利用世帯の数

	老人単身	老人世帯	計
昭和46（1971）年10月	379	87	466
昭和49（1974）年10月	440	81	521
昭和50（1975）年10月	557	91	648
昭和51（1976）年10月	592	96	688
昭和52（1977）年10月	637	104	741

れているところでも一定の限界までで、それ以上は公的機関が手を差しのべなければ問題解決にはならないと思っています。

老人は、地域との結びつきがはっきりしています。今でこそ、老人ホームに入所する人々も増加している事は事実です。PRが以前より行き届いている事や施設の内容も充実している事など、いろい ろ理由もあると思います。しかし、地域に住みたくとも事情やむを得ず老人ホームしか行くところがないから入所するのだ、という話も聞かされます。

精一杯生きてきた老人には、経済的な苦労もせず、病気をしても安心して医療にかかれるような社会的な保障をすべきではないかと思います。

「ねたきり老人」は用意されている

懇談会では、「ねたきり老人」の実態が次から次へと明らかにされてきましたけれど、次に事例をみてみたいと思います。

78歳になるAさんは、50歳を過ぎてからDさんのもとに再婚しました。Dさんの子どもさんたちは既に成人してそれぞれ独立していたのですが、この再婚に強く反対しました。広い家と土地があったせいかもしれません。最近になってDさんが亡くなり、Aさんは相談する相手もなく、故郷にも帰れず、しかも家を追い出されかけました。ここで相談を受けたのですが、Aさんの身の振り方や財産の分与などについて、連絡やら説明やら教示しました。この結果、後日、Aさんにとってはかなりの金額を手にした喜びを報告するために来所されました。Aさんも、やはり住み慣れたところから離れがたく、当区を離れずに一間を借りてひっそりと暮しています。しかし、この物価高の世の中です。いずれ生活保護の対象となってくるでしょう。

ここでも既に、単身の老人が発生している訳ですし、病気になって働けなくなれば、「ねたきり老人」の仲間入りをする事も、そう遠くはない事でしょう。現に「ねたきり老人」に加えて、潜在的「ねたきり老人」が数多く存在し、年々増え続けています。Aさんのように、たまたま来所した老人や連絡があった老人は把握出来るとしても、今回の調査で、公的機関が掴んでいる「ねたきり老人」よりはるかに多くの老人が発見された事実を見ても、問題の重要さが痛感されます。

「ねたきり老人」調査懇談会も、継続していく活動の中で、潜在的な「ねたきり老人」がわれわれの知らぬ間に増えつつある事も、しっかりと捉えていかなけらばならないと思います。

おわりにあたって

福祉事務所での老齢世帯の保護の開始の中で、世帯主の傷病や収入の減少という原因のものが増加している事は、今まで述べてきた事で頷いていただけると思います。

さて、老人が病気になって、入院か、入院しないまでも家にねたきりとなった場合、家族がいれば誰かがみるとして、一体いつまで続けられるかです。老人がねたきりになった場合、働かねば食べていけない家庭はどうしても老人にしわ寄せがいくと思います。しかし、しわ寄せだけではなく急に入院となったりすると、差額ベッド・看護料に莫大な費用がかかります。ましてや単身の老人となりますと、事は重大となってきます。「ねたきり老人」の問題を、もっと社会の責任として考えなければならない段階にきていると思います。

コミュニティケアという言葉がしきりと叫ばれていますが、この事は老人を厄介視する事ではなくて、地域社会の一員として、地域の中で安心して生活する事が出来、医療も充分に行き届くようになる事だと思います。老人を、今までは、地域社会の中で個人レベルでみてきたきらいがあり、これには限界がともない、それだからこそどうにもならないところにまで発展してしまうのではないでしょうか。

この懇談会が調査した結果は、多くの貴重な問題を探り出し、行政に対して大きな課題を投げかけたものと言えましょう。懇談会の今後の使命として、行政機関などにこの現実を示して改善を迫るなど、社会的な運動にまで高めなければならないと思います。

人はいつか必ず、誰でも老人になる事はまぬがれません。他人事としてではなく、自分自身の問題としても真剣に考えていかなければならないと考えています。

1977（昭和52）年12月11日（日）第2回東部地域ねたきり老人実態調査報告集「だまって見てはいられない・その2」掲載

カップラーメンと

（東京・墨田福祉事務所）

景気回復の兆しが徐々に見えてきているといってもそうした事に無縁な人々もいる。お昼近くなって来所したYさんに特に関心を持ったのは、同じ年齢だったからかもしれない。

彼は横浜で生まれ一人っ子。父母は既にこの世にはない。進駐軍の関係の仕事を5年した後、飯場暮らしを転々としてきていると言う。来所した理由は、横浜から名古屋の飯場に行ったが、条件が余りにも違うので横浜に戻ってきたものの、仕事がなく山谷に出てきたが、ここでも仕事がなく昨夜は当区の高速道路下に野宿したと言う。「明朝早く出直して、仕事を探しに行きたいから、1泊と食事代をなんとかしてもらいたい」という事だった。

彼は以前にも来所した事があるが、理由も殆ど同じである。当所では住所がない場合であっても、面接した結果、余程の事がない限り申請を受理してワーカーに回している。そのための簡易宿泊所も2か所ほど確保している。

山谷地域の人口は、1万7000人が密集していた頃と比べて、現在は7000人余りと言われており、この減じた分が周辺や地方に移ってしまい、その余波が当区にも及んでいる。住所がない人が行政機関に訪れた場合、500円なにがしの金銭を渡して山谷などに追い払う事は、何処の事務所でも経験している事だと思う。だがこの人たちが不安定な就労を止む無く続けている間は、

雨降りなどで仕事にアブレタ時、一体どうしているのか気になってはいた。

彼の話に戻そう。彼が横浜から帰るための費用はどうしたか。福祉事務所に行ったのではなく、売血をしたのだった。売血量は400cc、牛乳瓶で２本分だ。生命の糧の代わりに受け取ったものは、３４００円とカップラーメン１個にセブンスターが１箱である。

彼の言を借りれば、どうしようもない時には月４本採る事もあり、毎月のように売血する事も稀ではない。それかあらぬか注意して聞くようにしているのだが、来所するこれらの人の多くは売血を経験しているのだ。

この場合、「売血は体に悪いから止めた方がよい」と言っても「それでは代わりのものを保障してくれる用意があるのか？」と反問されたら言うべき言葉もなくなってしまう。売血の後にカップラーメンが渡されるのは納得出来るが、何処のバンクでも採血直後に、いくらサービスだからと言っても煙草を寄越す無神経に怒りを覚える。

少なくとも人間の命を大切にし、人間の生活を守ろうとしている職種のわれわれにとっては、無関心であってはならない事柄であろう。

１９８０年３・４月号　公的扶助研究No,77　掲載

わかりにくい離婚と世相

（東京・墨田区福祉事務所）

感覚的な表現で恐縮だが、日ごろの面接の中で離婚が増加しているという印象が強い。正直に言ってわからない事が多くなっている。いや、正確に言えば、予測がつかない事が多いと言うべきかもしれない。

Hさんの例に触れてみよう。彼女は1歳の男子を抱えて、これからの生活に困る、と最近来所した。M生命の外交で、月収15万円から20万円。女性の収入としてはかなり高い方だろう。そのせいかもしれないが、6階建てのマンションの5階に住んでいて、8畳と8畳の板の間、バス付で6万5000円の部屋代である。

ところが、夫との離婚によってM生命を辞める事になっているという。問題は離婚の原因である。なかなか言いたがらなかったが、このケースの場合、聞かずにはいられなかった。夫の暴力、飲酒、ギャンブルなどを予想していたが、「夫が悪い訳ではないのです」と言うのみだった。

この短い言葉の中から事の真相がうかがえるべくもないが、推測の限りでは、彼女がM生命を辞めなければならない事と関係があるようである。収入的には母子2人が生きていくためのものとして、やっていけない事はないだろう。母子寮への入所は拒否された。結果的には手持ち金30万円、転居して安い部屋に移る事、転出時に12万円戻ってくるという事、雇用保険が10万円支給される事

などによって、相談のみで帰った。

このケースのほか、性格の不一致という事を言って来所する女性も増えている。だが性格の不一致とは一体どういう事なのか、僕にはよくわからない。世の中が便利になってきた。物が豊富に出回ってきた。それはそれでよいのだが、このままでいくと人間の思考力が無くなっていかないだろうか。今の社会がこうした状況を背景として機能していると考えると、離婚の原因や辻褄の合う生活が出来ればホッとするというありようが、わかるような気もしてくる。

勿論、相談者の心の奥をどれ程のぞけるか、また理解出来るかは僕の能力の限界にも関係してくることだろう。更には余りわかりすぎてしまうと、アフターケアの処置に困って、立ち往生してしまう事もあるだろうから、それほどかっこよく見えを切る訳にもいかない。

ケースワーカーとは言われているが、面接員には足がない。それは生活の実態を調査によって充分に把握出来ない事でもある。だから、もどかしい思いをワーカーに託す事になる。福祉事務所の顔と、ワーカーの足が絶えず密着しなければならないと言われる所以であろう。とはいうものの、自分でも嫌になる程毎日うじうじしているのが本音である。

1980年5・6月号　公的扶助研究No,78　掲載

地区担当員の仕事から

Aさんは80歳に近いKさんの担当だが、このKさんには、事情もあって二人の娘は殆どよりつかない。最近、Kさんは認知症を発症して、金を落としてもわからなかったり、お尻のしまりも悪くなってしまって、家の中を大小便のたれ流しで歩きまわり、Aさんは後を追いかけるようにしてその始末をしてまわる。

今、Aさんは70世帯あまりのケースを担当しているので、Kさんのためばかりに毎日行く訳にもいかないから、ヘルパー、保健婦、民生委員などと連絡を取りながら、処理をしていく事になる。

電話も頻繁にかかってくる。近隣の人たちとの間に立って、調整したりもしなければならない。家主からの苦情も何回となく聞かされなければならない。肉親のかわりに、「なぜ、こんな言い訳までしなければならないのか」と、矛盾を感ずる事もある。

老人福祉法の現実

老人保険法が、それなりの問題点を含みながら発足してから半年以上が経過をしている。

一方〝敬老の日〟の記事は、昨年と変わらずに新聞紙面をにぎわせ、これにともなう行事もこなされたようである。いうまでもなくわが国の老人福祉は、老人福祉法を軸にしてその施策が進められている。

老人福祉法は、スタートしてから今年でちょうど20年目にあたるが、立法の基本理念として、『老人は肉体的状態とともに、精神的なハンディキャップも持っている事と、多年にわたって社会の進展に寄与してきたものとして敬愛され、かつ社会的に保護されるものとする』というものがあって、中身としては立派な内容がこめられている。

要は、この趣旨が充分に活かされているかどうかなのだが、福祉事務所という現場で発生している出来事のなかには、必ずしも老人に対する社会の温かい目が注がれているとは思えない事がしばしばあり、とまどう事も多い。

Ｋさんの娘たちは、自分たちの父親に対して他人が関わってくれている事に、心の中では決して当たり前とは思っていないだろう。

だから、現実にはそれぞれの事情が重なりあって、生活保護を利用している老人、特に単身で生活している前記のような例の場合のように、地区担当員の負担は非常に大きなものになる。

下町の人情どこに

最近、こんな事もあった。

単身の老婆が亡くなったが、しばらく知られずにいた後、発見された。その後には、係長を含めて6人が荷物の片付けに出かけた。部屋の中は畳がへこんでいて、小便がそこに黄褐色にたまっていた。遺体はすでに引き取られていたが、悪臭が充満し、蛆が無数にはいまわっていた。マスクをして、線香を煙のようにたきこんでも、臭いはマスクをつきぬけてくる。

彼等が職場に戻ってきた時、線香のにおいが、なかなか消えてくれなかった。それも、それをしただけの中に何かが得られるものなら気持の落ち着きも生まれたのだろうが、この係の一人が、割り切れぬようにいっていた。

「下町の人情ってなんでしょうかね。ふだん、いかにも人情が厚いように言っていて、ぼくらが苦《く》心惨憺《しんさんたん》しているのに、誰も手伝ってくれようとはしませんでした」

この言葉は、いかにも片付けが大変だった事を物語っているし、決められた業務ではないにもかかわらずやらざるを得ない、しんどい作業だったから出たのであろう。

単身老人の増加

単身老人と言えばなんらかの病気を内在しているから、病状悪化となると、当然入院となってしまう。こうした状態でも、老人は長年、住みなれた所から離れてしまうのが精神的にこたえるようである。耳も遠かったり、理解力も乏しくなってくるので、説得にも時間がかかる。入院も6か月以上になると、立退きの相談もしなければならない。こうして一つひとつをなんとか解決の方向に向かって努力しているうちに、形をかえて新たな問題も発生してくる。

単身老人が確実に増加していく中で、福祉の見直しもおしすすめられているのだが、その反対に難問も比例して着実に山積みとなって福祉事務所を悩ませているのである。

1983（昭和58）年10月14日（金） 都政新報「老人福祉レポート」掲載

公扶研セミナー知恵おくれ分科会報告

はじめに

去年に続いて「知恵おくれ分科会」という名称にしたのは、知恵おくれの人々の人称保障のためには仕事で関わる者として、呼称にも無神経であってはならないのではないか、というこだわりを受けついだからである。

今回のテーマは「福祉事務所のCWは知恵おくれの人にどこまでどんな形で関われるのか？　そのためには何が必要なのか？」という事。身障と違い施策も少なく、何をしたらよいのか見えなくなりがちな知恵おくれの人の処遇の可能性と、その可能性を広げる条件づくりとしての連携の問題を論議した。

参加者は37人（司会など除く）。身障・知恵おくれ担当のCW、児童相談所CW、施設職員、婦人相談所職員、精更相判定員(以下、精更相)※、研究者等々、福祉事務所・関連機関のベテランから新人まで多彩なメンバーで、母親の立場で参加した人も2人居て貴重な発言が得られた。

※精神障害者更生相談所の判定員

レポートについて

テーマに添って「『問題』をもつ軽い知恵おくれの人にCWはいかに付き合ってきたか」というレポー

ト2本を報告してもらった。

一つは母亡き後、アパートで一人暮らしをしながら作業所に通う40代の男性のケースで、対人不適応を起こし何十回となく就労しては辞めたり、母や姉に暴力をふるったりした前歴のある人が、なんとか作業所へ通い就労寸前のところまできた経過が報告された。

もう一つは、父は外国船乗務、母は夜間就労という養育能力に問題のある家庭で、小・中学生の頃より盗みや粗暴行動などの問題があり、基本的に解決しないまま高等部卒業をむかえてしまった少年が、CWや作業所の努力にもかかわらず非行を繰返し、最終的には逮捕、起訴されたというものだった。

レポートに対する質疑では、特に後のケースについて児相の処遇や児相と福祉事務所の連携が話題になった。「忙しくてやれない」という共通した問題や、児相で将来の見通しをもった処遇がなされているか、という問題が出された。

さていよいよ議論である。全員に話す機会をもってもらおうと考えたのと、会場が広く議論しにくかったので、4つの小グループに分かれて議論してまとめて発表してもらった。

グループ1のまとめ

レポートの話が中心。一人暮らしのケースは、母が亡くなって生活に目覚めた面があるし、このままでよいのではないか、利用するとしたら生活寮のようなものがよいのではないか、という話になった。非行のあるケースは、今後の事を話し合ったが、家庭の養育能力に問題がある事ははっきりしているので、施設入所により本人に基本的な力をつけさせるしかないのではないか、それにしても子どものうちに育んでおかねばならないものを大人になってから取り戻すのは相当難しい……などの意見が出された。

グループ2のまとめ

2つのケースに福祉事務所が処遇する時の問題が共通して提示されている。ＣＷは「問題」に直面して走り回るが、社会資源不足・施策不充分という現実がある。皆、日常的に悩んでいる。つい受け身になってしまう。ケースに関わっていく、地域に積極的に入っていく、そして自分の問題としてというのではなく、福祉事務所の問題として、さらに社会福祉の各機関の問題として考えていくようにする。これが大切ではないか。その時福祉事務所のＣＷが中心になる役割を担うのではないか。

グループ3のまとめ

非行のレポートを素材にして話したら、「問題をもってる」というのは「関わって欲しい」というサインではないか、という意見が出た。現象面に振り回されるのではなく、「シグナルだ」という見方が出来るというのが大切ではないか、という事。あと無い無いといっても様々な相談機関や学校や施設や保健所……挙げていったら沢山の人が居るから、福祉事務所のＣＷが核となって集まって、お互いの役割を考えていく事が処遇につながるのではないか、という意見が出た。

グループ4のまとめ

レポートについては、長い目でみなくてはならないんじゃないか、ＣＷの力量を超えたら関係機関に自分の気持を伝えて共感しあってやれば、処遇が深まるんじゃないか、という話が出た。又、家族の立場から「福祉事務所の対応でショックを受けた事がある。相談をきっちり受けとめているか。それと、担当者が代わったら処遇も変わるのかと不安を感じている」と指摘があった。職場の中で、一人二人でやっていて孤立感を持っている人が多いが、職場を変えて「所」として一貫した対応が出来、人が交代しても引き継げる体制を作っていかなくてはならないのではないか。

この後、各地で行われているＣＷの担当者会議について発表してもらった。

「京都府では、１９５６（昭和31）年に精更相が宇治市と月1回集まったのがきっかけで口コミで広まって全域へ広がった。現在は当番制でやっている。とにかく専門知識の無いＣＷと制度を知らぬ精更相職員が集って話をしようというところから始まった」

「京都市では月1回集まっているが、かなり事務連絡的な傾向が強かったので、ＣＷが「論議する会議にしてくれ」と言っている。保障された時間をＣＷ自らが活用していくという方向性がまだまだ弱いようである」と障害福祉課の担当者の方より報告があった。

「大阪南部の市町でも、１９５６年に始まり今は持ち回りでやっている。ケース検討の時もあり、施設見学の時もあり、定着してきている」

「神戸では12年前から担当者会議があり、１９５３（昭和28）年からはＣＷが中心になって在宅の人の集団療育（月2回）を始めた。１９５５年からは更にそのグループのＯＢ会（グループ療育期間が1年間なので）を作ってプールやハイキングなどに取り組んでいる」

「堺市では１９５４年に、ベテランワーカーを中心に障害福祉課で最初の会議がもたれ、今も続いている。仕事をいかに蓄積するかに重点を置いている」

と、それぞれより発表があった。

ここで司会者より、横の連携が意外とある事がわかってホッとしたが、一方で一人で悩む状態があるというのは、横の連携の場が自分の仕事を見つめ直す場になっていないのではないか。又、住民が公的機関に相談した時、何故横の連携が出来ないのか、という疑問に対して行政は答える責務があり、解決しなければ住民との横のつながりに広がっていかないのではないか、という指摘があったが、時間が来ており具体的議論は翌日に持ち越された。


2日目は「一人＝点であるＣＷが、どうやったら線になり面になれるのか、連携、連携というがどう作っていくのか」という問題提起のもとに議論が進められた。口火を切る形で東京の方から、「東京には情報交換や研究を主眼とした研究会があり、23区を5ブロックに分けてやっている。区により五法の担当の持ち方がバラバラなので、身障精薄の担当者のみの連絡会という形にはならないが、公的に認められた会になっており、時間内にやっていて要求をまとめて都へ出したりしている」との報告があった。

この後、参加者がフリーに自分の体験を語った。

西宮の生保CWが「地域福祉通信」というのを出して保健婦さんたちと話し合ううちに人的なつながりが深まってきて、問題が起こったらどこがやれるか見極め、その人に任すという形で早く的確に解決にあたれるようになった、という話。京都のある行政区では、児相・福祉事務所・保健所で定期的に協議会がもたれている、という話。老人担当をしていた人が、個別のケースで関わっている機関が集まる事が定期協議会を作るきっかけになる、と実感した話。新しく来たCWが、担当者会議に必ず出席してそれを仕事の参考にし、かつ横のつながりを作っている話。11年目のベテランワーカーが、実は他の方面からの視点を求めている話。三重では窓口になっている町村地域の担当の人が3年で代わっていくので、せっかくの協議会が事務連絡の形式的なものになってしまい、他に自主的な研究会を作っているが、表に出すと事務連絡会になるので出せないし、連絡会が無ければ進歩しないし、有ると形式化するというジレンマに悩んでいる、という話。

それぞれの人がそれぞれの場所で悩み模索している姿が浮かびあがってきた。

ここで、「連携はギクシャクする事がある」という意見が出され、連携する時に陥りやすい「立場による意見評価の食い違いから起こる分裂状態」を回避するためには、核となる人の存在が必要ではないかという話になった。児相のCWからは、「福祉事務所は地域の窓口なんだから、核として協議会を招集出来るようになって欲しい」という意見が出されたが、話すうちに、要は市民の側から見たらどこがやってもよいのであって、一つのケースにいろんな所が重複して関わるうちに、どこかが核になれば自然にまとまっていくのではないか、という話になり施設職員からも、もっと施設職員に働きかけてもらって施設も核となる機関として利用してもらってはどうか、と意見が出された。

家族の立場で参加した人が、福祉事務所の対応にショックを受けた体験と、「保護者としては、核は誰でもよいが、線であり、面でなくては困る。役所へ行くのはホンの一部の人で、諦めている人が周辺にいっぱい居る。親としては行政にすがりたいが、現状では一番遠い所にあると思う」と語ると、姫路のＣＷより、「行革の中で福祉事務所が雑務処理機関化されようとしており、行える処遇の枠が狭くなったと実感している。親の会とか運動に関わっていかないと、この状況は変わっていかないのではないかと思う」と意見が出された。

最後に、「まだまだ福祉事務所の仕事の中でも遅れている知恵おくれの人への処遇、だからこそあらゆる機会をとらえて横のつながりを深めていく事、そして仕事の中身を充実させる研究会を作っていく事が大切ではないだろうか」という司会者の言葉と、「知恵おくれのＣＷはかなり厳しいところにいますが、それだからこそ窓口に来た人がいたら、行政の方がどこまで手を貸せるのか感受性を豊かにしてキャッチし、問題意識を持つ人が核となって広げていかなくてはならないのではないでしょうか。又、『問題』があるからこそ皆が関わる訳で、これはある意味では素晴らしい事だと思います。『問題』って素敵だと思いませんか。『問題ケース』に全力投球して、他の関係機関を大いにたたいて下さい」という助言者の言葉がこの分科会をまとめた形となった。

１９８６（昭和61）年11月　第21回全国公扶研セミナー（京都市）知恵おくれ分科会報告

第16回公的扶助研究関東ブロックセミナー・報告集のはじめに

公扶研セミナーとの出会い――東京・下町から――

髙木博光（墨田区福祉事務所身障相談係）

初めてのセミナー参加のころ

公扶研セミナーに首を突っ込むようになってどのくらい経つか、思い出してみた。まだ僕が、セミナーに関心を示していなかった頃、箱根で第1回全国セミナーが行われている。１９６３（昭和38）年の事で、参加者はわずか120名だった。このセミナーでは、いわゆる岸・仲村論争があって、開催継続の発火点の役目を果たした。

前年に千葉県社会福祉協議会を退職して、１９５３（昭和28）年1月、足立を振り出しに生保地区担当員の道を歩み始め、昭和36年4月からは荒川に移り、自分なりの仕事はしていた。経験を積むにつれて、固定した観念も生まれてきていた。仕事で失敗すると、相手のせいにしてしまう事も何度かあった。だからと言って、それですっきりとした訳ではなかった。何かが足りない。

社会福祉専門の勉強をしなかったからか。本の読み方だって足りない。人間

的にも熟成している訳でもない。そんな焦りの気持から見ると、公扶研活動をしている人たちに対して苛立ちを覚えたり、時にはその活動をせせら笑った事もあった。

福祉事務所の仕事は、丁寧にやればやる程たまっていく。事務処理をする時間だって限られてくる。どこかで手を抜かなければ、やっていけなくなってくる。その工夫も自分なりに考えたものだ。周囲の人たち、仲間たちはそれ程焦る事もなく、仕事をこなしているように見受けられる。その辺を意識するようになると、自己嫌悪となったりして日々が葛藤の毎日となった。加えて、そうした心の状態は、とても孤独だった。

そんなある日、雑誌に掲載されていた神戸での公扶研全国セミナーの開催記事が目に入り、その内容から参加したい気持に駆られた。しかし、思っただけで参加はしなかった。と言うより、参加出来なかったと言った方が正しいかもしれない。発言出来るものをしっかり持っていなければ、立ち往生してしまうかもしれないとの恐怖が先に立ったからだった。その時は、仕事が忙しくて行けない、と気持を封じ込めてしまった。この屈折は、僕にとって決して無駄ではなく、心の中になんらかのひっかかりを残してくれた。

これと相前後して、荒川区の職場で公扶研の活動を始めていた戸田隆一さんから、ある日言葉巧みに誘われて、そのまま今日まで1銭にもならない活動にわが身をゆだねる事になってしまった。こう書いたからと言って後悔している訳ではなく、いろいろ勉強するきっかけになった事は大いに感謝している。

セミナー参加からセミナー開催へ

ところで、第4回セミナーは、1966（昭和41）年に京都で開催された。神戸行きを見送った事でもあったし、場所が場所だけに半分は観光気分も手伝い、2～3人の仲間と初めて参加をした。宿泊費を安く上げるため、伏見区にあった伏見稲荷参集殿が会場と宿泊所を兼ねた。資料集も第1回から第3回までの足跡をまとめ、今でも言われているような事も話し合われた。大体、酒の好きな人が集まった事もあって、研究者もワーカーもごっちゃになって夜のつきるのを知らなかった。

セミナー出席は初めてだったので、専ら見聞きして知識を吸収しようと懸命だった。まだセミナーは社会的に市民権を得ていなかった（?）ので、休暇届を出して、勿論自腹で出かけた。ボーナスの後、支払いやすい時期に開催してくれる配慮も嬉しく感じたものだ。京都全国セミナーの後は段々と深みにはまって、ブロックセミナーが出来てからは完全に抜け出せなくなってしまった。

セミナーは、言いたい事を言っても喧嘩にまでは発展しない。昨日まで全く知らなかった人と、絶好の出会いを提供してくれる場所でもある。セミナーを運営していくための事務局を受け持つと、大変な苦労と出費と疲労、寝不足にたたられる。ところが、当日の会場に集まった何百人かの人のにぎわいを目の当たりにすると、慰められ、報われた思いでいっぱいになる。なんとか取り仕切れた自分を客観的に見る事が出来るという、余裕すら生まれる事もある。セミナーによって、思いがけない活動（自主研究）グループが発見され、全国に知らされる。漫然と仕事をしている時に限って、刺激を受けられる報告を聞く事の出来る楽しみもある。

1970（昭和45）年に、初めて南関東ブロックセミナーが横浜で開催され、異色な宿泊場所として氷川丸が使われた事があった。昭和53年になって、第6回関東ブロックセミナーは墨田区において開催され、私は実行委員長の大役を務める事になった。この頃は、職場内にかなりのつわものがいて、少人数ながら反対者・賛成者の顔色も全く気にせずに一瀉千里《いっしゃせんり》で突っ走る事が出来た。1987（昭和62）年秋頃、退職を間近にして、もうセミナー開催にはめぐりあうまいと思っていた。

退職の年、セミナー実行委員長をつとめて

「昭和63年墨田区開催決まる」と誤報記事が載り、にわかに現実味が帯びてきた（注：機関誌編集部が勝手な〝願い〟を活字にしてしまった）。公扶研全国連絡会から誤報記事についての弁明の会合が持たれもした。物事は、こじれると後の始末が大変だ。これがきっかけとなって、賛否両論が陰に陽にくすぶっていった。一番困ったのは、反対意見が討議の場ではっきりと出された事だ。およその推測はついたが、昭和63年3月22日の設立準備会が発足した後も、反対意見は残って消えなかった。

しかしながら、10年ぶりに、再度墨田区において第16回関東ブロックセミナー（第16回から北関東ブロックを吸収した形となり、関東全域の範囲となった）が開催され、再び実行委員長になった。

今回の場合は、小さな出先機関にいたので情報不足もさることながら、打ち合わせも電話では埒《らち》が明かぬため、別に時間を設定せざるを得なかった。各分科会の進行状況に従って、一つひとつ出席しようと努力した事も、肉体的にかなりシンドかった。机を並べた距離に事務局長を始め実行委員などもいなかったので、互いに歯がゆい思いも味わった事と思う。それにしても、女性のがんばりが事務局にも反映し、結果としてはブロックセミナーとしては最多の参加者となった。

セミナーも長い歴史を歩いてくると、マンネリとかの批評も当然の事として出てもいたしかたあるまい。しかし、時代の流れや参加者の声も運営に生かされて、方法もいろいろと工夫され、試みられてきている。今後、形を変えながらにしても、セミナーは続けられていくに違いない。それは、紐付きのものではない、参加者の熱いロマンが大切にされるような、公扶研ならではのセミナー運営がされていく限り。

1989年7・8月号　公的扶助研究No,132　掲載

福祉のまちづくり

職場で仕事をとおして共通の広場を

髙木博光（墨田区福祉事務所　身障福祉相談員）

Sさん

お元気ですか。

この間、お手紙をいただいたまま、忙しさにまぎれてつい失礼をしてしまいました。少しばかり仕事の見通しもつき、若干の余裕が出来ましたので、あなたからの手紙にあった日頃の疑問や悩み、職場で学習会をどのように開けばよいかについて、書いてみます。

ワーカーも4年目ともなると、新人に目を配ったり新人から相談を受けたりするようになっている事でしょう。そんな時、ふと、根本的な事を充分に理解していなかったのではないかなどの不安にかられたりした事はありませんか。もしもそうだったとしたら、まさにあなたは職場の中で、先輩としての地位をしっかりと築いた事になりますし、ある意味では、仕事を覚えてしまっただけに苦

難の道?をたどる事になります。それは充分覚悟しておいた方がよいでしょう。

4年目ともなると、周囲から期待もされ、そうした事で悩む場面も1度や2度ではない気がします。経験を積む事は大事ですし、大切な事です。仕事の段取りも早くなるし、事務処理もなめらかにいきますが、しかしそれは、定型に流れてしまう状況を自ら作っていく危険もはらんでいます。そうした時に、あなたが職場で学習会の必要性を感じてきたとすれば、きっと自らの仕事に魅力を感じ始めた事なのだと思います。

多分あなたの職場でもそうでしょうが、係長、スーパーバイザーにしてもケースワーカーにしても、皆一様に異動が短い間に行われ、しかも全く異なった分野から福祉事務所に転勤してきて、驚き慌てふためいている人を見かける事が多くなってきています。そうした中で、一方では1日も早く他に異動したいと考えている人が増えている事も見逃せませんが、こうした状況と並行して全国やブロックの公扶研セミナーは、回を重ねるごとに参加人員が増え、職場で学習会などが開かれる事も多くなってきています。

あなたを含めて、ケースワーカーは究極のところ、問題が未解決のまま悩み続けるか、適当なところで妥協してしまうか、いずれにしても足踏みしてしまう事が少なくありません。そうした時、一人で考えたってたかが知れている、という境地に1日も早く達するべきです。見方を変えれば、一種の開き直りになるかもしれませんが、それは自分の虚飾を排して素直に実態を見ようとする態度になると言ってもよいでしょう。

勢い任せて口がすべってしまいましたが、要するに、自分一人で仕事をしているのではなく、周囲の仲間と共感出来るような職場を作ろうとする努力に向かっていくべきでしょう。職場での学習会はそのための手段となる事もあったり、学べる場であったり、今まで気がつかない事にまで考えが及ぶようになります。

職場での学習会は、大まかに言って

①最初は大人数が集まり、段々減少していくもの
②少人数から出発して少しずつ増加していくもの
③職制の方から一方的に作られて、それにのっかるもの

などがあるようです。いずれにしても長続きされる事が大切だと思いますが、学習会を長続きさせるポイントは

①少人数になっても必ず定期的に続ける事
②周囲に絶えず呼びかけをする事
③学習会の内容をまとめて、次回までに参加者全員に配る事
④イデオロギーなどにこだわらず、誰でも参加出来るような会として存続するようにする事

などが考えられます。

Sさん

公的扶助研究のセミナーを絶対視する訳ではありませんが、セミナーは出席をして学習会を作るきっかけが出来たり、仕事を客観的に眺められるチャンスにもなっています。機会があれば、セミナー

にも出てみて運営の方法を学ぶ事も必要でしょう。

私も参加している学習会を例として紹介しますと、

(1)職場での学習会

職場での学習会は月1度庁舎の会議室で夜に開いています。参加者は生保・各単法のワーカーだけでなく、厚生部関係の職員、区内の公立・民間の福祉施設の職員です。

(2)生活問題学習会

3年前に開かれた公的扶助研究関東セミナーの生活問題分科会の参加者の希望から生まれた学習会で、東京ボランティアセンター会議室で隔月土曜日に持たれています。参加者は関東各セミナーの処遇分科会参加者が中心です。テーマは今年になって生活保護法を第1条から考えていこうとしていますが、まだ第2条で足踏みしています。

(3)東京都福祉事務所現業員協議会

東京都内のケースワーカー全体を代表（？）して、毎年実施要領の改正意見を東京都へ提出するなどの歴史がある会ですが、ここ数年は各自治体単位で学習会が開かれるようになったため、都全体での学習会活動は休みがちになっています。昨年は秋から冬にかけて「東京都の扶養問題」に関する連続講座を3回開いています（機関誌既報）。

(4)千葉県公的扶助研究会

私は〝千葉県民〟なので、千葉県の研究会にも参加させてもらっています。参加者は県内各市の生保・各法ワーカーが中心です。開催地より遠距離にある市の方の参加は困難ですが、県内の病院のＭＳＷや

Dr.の方もよく参加されています。

テーマに困ったら、セミナー分科会のテーマを参考にして考えるとよいと思います。「ケースワーカーストーリー」などのビデオを観る会もぜひ開いてください。通勤などの事情から、夜間の開催が難しい場合は昼休みや土曜日の午後（出勤者の多い日を選ぶ）を利用するとよいと思います。取りあえず、今回はこの辺にしておきます。

あなたの職場のその後についてぜひお聞かせください。ではお元気で。

１９９０年９・10月　隔月刊公的扶助研究No,１３９　掲載

第18回公扶研関東ブロックセミナー裏方記

千葉県で初めて行われた公扶研関東ブロックセミナーだった。遡ってみると、千葉県での公的扶助研究会も過去には歴史があり、研究活動の中でも一定の水準を保っていたことがあるようである。リーダー格が異動などで他に移ったり、他の要素も加わったりして長い間中断されていた。それがこの2年半前頃から船橋市、八千代市などのメンバーが主軸となって、定期的研究会がもたれるようになった。会場も鎌ケ谷市が積極的に協力をしてくれたりで、その積み重ねが県の公扶研セミナーを2回ほど開催出来るまでになった。

その結果として、船橋市における今回の関東ブロックセミナーへと開花したと言える。実質603名の参加数は、前年の埼玉県での総数には及ばなかったが、千葉県において公的扶助に関する研究セミナーで、これ程の参加者は未だ嘗《かつ》てなかったことである。

特に学生の77名もの参加と、このうち50余名が分科会、書籍販売、事務局、連絡員、道案内ほか雑務などの動員を引き受けてくれて、セミナー成功の大きな原動力になってくれたことは、特色に値する出来事であった。

難点が無かった訳でもない。各会場の規定で朝9時までは入館出来ず、受付などの準備も事前には出来なかったこともあって、入館開始と同時に大わらわとなって設定を始めたが、混乱は免れなかった。

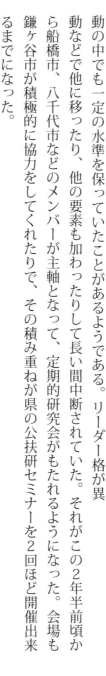

ところで今回は、結果として完全に裏方に徹することになってしまった。受付での整理や指示、把握、事務局での雑務、講師などの謝礼配り。セミナー終了後に世話を掛けた掃除のおばさん、ガードマンへの心付け煎餅を船橋駅構内の名店街に買いに行ったりで、２日間が終わってしまっていた。これは敢えて愚痴を言っている訳ではない。セミナーをスムーズに運営していくためには、裏で支える者がいるからこそであって、これも極めて大切な役割だと割り切りながらいろいろな場面にわたって目配りをしたつもりである。

最後に一段落が付いたところで、斎藤茂男氏の記念講演をゆっくりと噛みしめながら聞くことが出来た。その内容に感動し、深く心に残った。セミナーの裏方をしていた関係上、分科会などとは無縁だった中で、これは最終のせめてもの喜びであった。

さて、次回は東京となる。明日からまた設定の準備や引受先の説得などに忙しい毎日が続いていきそうである。

１９９０年12月５日記　第18回公的扶助研究関東ブロックセミナー報告集　掲載

ZIP&かれんから

過去、区立の知恵おくれの人たちの通所施設に勤務していた頃、親亡き後の問題が主として論議され、その深刻さに胸が痛かったことがある。

「全家連（全国精神障害者家族会連合会）」に来てみて、家族会の情報などでも、やはり家族の高齢化からくる親亡き後の問題が、真剣に取り上げられていることを知った。

このことは「親が抱え込みすぎてしまっているから、余計いけないのだ」との一部からの批判があるようだが、社会的な偏見が余りにも多すぎる。

それよりも、病気を隠して、隠さなければ充分な就職口を見つけることが出来ないということこそ正していかなければならない。

内心おびえながら仕事に励んでいる人たちが、晴れて就労出来るようになった時、親亡き後の問題は、きっと影を潜めてしまっていることであろう。

1992年7月　月刊ぜんかれん　掲載

セミナー・分科会／生活保護・処遇

私のケースワーク論
――生活保護を利用している人々への援助――

高木博光（墨田区福祉事務所ＯＢ）

はじめに

分科会が始まる前に、コーディネーターとしての問題提出者である葛飾区西福祉事務所の武澤次郎氏は、

・「ケースワークとはなにか?」と言っても一口には説明がつかない。

・3名の異なった地域からのレポーターに「私のケースワーク論」を語ってもらいながら、ケースワークの実像が取り出せないか。

・ケースワークというものを考える時、1枚の絵を描く事にも似ていて、キャンバス上の制約があるが、人によっては抽象画の場合もあり具象画の場合などがある。

・それぞれの方法や技術があって、一定のパターンも決まってはいるが、そればかりでもない。

・トリガークエスチョンのような方法論についても、40年以上の公的扶助の研究の歴史の中にあってもまとめられていない。

・欲を言えば、今回はその辺にまで迫ってもらえればよいが、あるいは方向が変わっていくかもしれない。

・それは、やむを得ない事かもしれない。

などの思いを述べられた。

ケースワークの問題は、常に議論され事例検討集も数多くまとめられている。これに携わった人たちも、間接的にしろ直接的にしろ相当数にのぼっている。それでもなお、「ケースワークとはなにか?」が問われている。

一つの模範例があっても、それをそのまま他の事例にあてはめてみる事は出来ない。いわば、この捉えどころのない「ケースワーク」だからこそ、多くの人たちが代わるがわる挑戦を試みてきたのであろう。ましてや生活保護の現場では、異動の激しさによって職場の機能の低下もさる事ながら、担当が代わると処遇の内容も変わってしまう事も、しばしば発生している。こうした事情はどうも本当ではないと考えている人も少なくないはずだから、現場の中で「ケースワークとはなにか?」がいまだもって問い続けられている理由なのであろうか。

その議論はひとまずとどめて、各レポートの紹介から報告の取りかかりとしたい。

「元気の出る特効薬を求めて」

最初のレポートは、八千代市福祉事務所、冨田博子さんである。このレポートは、参加者に対して出会いの大切さをわからせるために神経を働かせて、さりげない導入部にした事でもわかる。方向音痴であるレポーターが葛飾区にやってきて、地元の店に入って食事をしながらの出来事や、途中で住民に道を尋ねたりしながら会場にたどり着いた事など、レポートの底に流れている出会いを自然に参加者にわからせるための配慮は、なかなかのものであった。

福祉事務所のワーカーを真面目にやっていると、とてもシンドイ。だから、この仕事から早く楽なところに代わりたい。この疲れから、すぐにでも解放されたい気持が続いている。こうした心理状態の時にレポートを引き受けるはめになり、それがかえって元気の出る特効薬を探せる元になったという。担当しているAさんを支えるには、どうしたらよいか努力を重ねた。その事は、Aさんを支える過程の中で関係者と共に成長していく事がわかっていった。

生活保護利用者が体験してきている人生は、われわれの計り知れない問題を抱えている。その内実を的確に捉えておかないと、大切な問題を見失ってしまうし、枠内にはめ込んでしまって、その人の自立への道をふさいでしまう。

レポートの最後で「〝冷たい頭と暖かい胸〟が持ち続けられれば、相手の人をありのまま受け入れる事も出来るだろうし、ともに発見する事も可能になるであろう」の言は納得出来た。たんたんとしたレポートであるにもかかわらず、胸にしみいる内容のものであった。

「この頃思う事、Mさん夫婦の事」

2番目のレポートは、中央区福祉事務所、大本明さんである。このレポーターは、福祉事務所に異動してくる前は分析科学の仕事に従事していた。あるきっかけで福祉事務所の内容を知り、ぜひとも異動してきたいと思っていた。通信講座で資格を取り、1年半後に異動が出来た。先輩からの働きかけや今までとは全く違った日常業務に戸惑いながら、4年を経過した時点でのレポートである。

彼が誠実に福祉事務所の仕事をしていく中で、反対に福祉事務所が彼を育てていったとも思うのだが、彼自身の心が人間に対する信頼感にあふれている事で、いわゆるケースワークの基本を、毎日の仕事を通して立証してきたとも言えるそうである。

アルコール依存症のSさん、その妻である精神分裂病のSaさんとのかかわりから、ケースワークとはなんだろうか?を追究している。結果として彼のたゆまぬ努力にもかかわらず、Sさんは死亡してしまった。そのかかわり合いでまず吃驚させられたのは、訪問を含めたこのケースに関わった日数と回数である。大雑把な数え方だが、1年5か月の間に70数回である。おそらくこのケースは、Aケースであろうが通常なら15回で用件は満たしているが、その5倍にのぼっている。しかも、その1回に時間がかかっている。

ワーカーはこのケースのみでなく、他に多くのケースを抱えている。その事後処理もとなると、相当な残業時間を余儀なくされたであろうと推察される。議会でも問題にされかかったり、家主からも追い出しをかけられたりしたが、それを丁寧に周囲に理解を求めながら解決に導く努力を重ねている。それはケースワークを大上段に振りかざす事なく、その本質を知らせてくれているようでもある。ケースを緻密に捉えながら地域から受け入れられないSさんを、いろいろな方法で擁護し、守っていった記録は多くの事を教えてくれている。

更に、日記などを通して援助する側の自己覚知の認識を常に持ち続ける大切さを説いていたし、一方的な働きかけをしないためにもその事を日常的に意識をし、自己決定が出来るまで〝待つ〟事の重要性が強調されていた。

「私のケースワーク論」

３本目のレポートは横浜市泉区福祉事務所、長谷川俊雄さんである。「ケースワークとはなにか?」と初めから意識をせずに、生活保護の現場の中で具体的な処遇をしていきながらその行きつく先がケースワークと呼べるものなら、それでも構わない、という認識に立っている。また、仕事上の組織の中で、阻害する要因がありこれが取り除かれない限り、成立は不可能とみている。例えば、扶養照会を広い範囲で行う、新規申請では金融機関などを調査して丸裸同然にしてしまう、通帳を強引に提出させて点検するとか、稼働状況にしても本人の実態より監査に向けて通りがよいかどうかで、相手を見てしまっている。

こうした保護の前提では、いくら「生活保障をしているのですからなんでも言ってください」「いつでも遠慮なく相談をしてください」とワーカーが言ってみたところで、保護利用者にとってはあたかもジキル氏とハイド氏のように映るのではないか。しかもレポーターが提唱している事は、肝心要の職場の同僚からも支持されない（?）状況であろう。

レポーターが現場で納得のいくものを目指せば目指すほど、職場では孤独な生き方にならざるを得ない。今の現場の状況は、そうした空気が蔓延している。だからこそ、職場の中で培ってきたものを継承していくためには、福祉事務所を離れてもなお、関連を持って研究会などを通じて仲間づくりをすべき、と説いてきた。

さて、枚数の関係で多くの事に触れられないが、期せずして第1・第2のレポートは、精神障害者分科会ともまがう内容のものであった。また、第3のレポートは「生活力の乏しい未婚の母子世帯の援助」だが、この中で貧困の再生産が明らかであるとし、生活力のない母子世帯に対して他の機関との統合化を図りながら、その機能を引き出していく。それが、責任あるこの世帯への10年後を見据えた考えである事を明らかにしたい。

まとめ

これからも福祉事務所が存在する限り、「ケースワークとはなにか？」が問われ続けていくであろうと思う。助言者の小野先生のまとめの中にもあったのだが、「ワーカーの仕事が行政の中にあって、他の行政となんとなく違う、その何が違うのかをはっきりさせるべきである」との指摘は、充分に考えさせられるものがあった。

最後に、蛇足になる事を承知での話だが、現場経験がなくやって来て、現在は6年目に入ったY氏の発言である。

「専門的知識におぼれて、技術論に偏向してしまう傾向にある」

「謙虚さが少ないような気がする」

受取り用によっては反論したくなる言葉だが、長谷川氏が言っているジキル氏とハイド氏からの脱却がない限り、特に2番目の言葉は現場のワーカーに投げかけてみたい、気になる言葉であった。

1993年3・4月　隔月刊公的扶助研究No,154　掲載

精神障害者と就労援助

(1) 援助する側の立場から

援助者は、就労に対して現実的な対応を図っていかなければならない。先ず考えられる事は、関係機関、特に職安へ足まめに訪問する事である。必要な情報を集め、労働市場の流れなどの状況を把握していく事が、これによって可能になってくる。それればかりではない。職安の職員との人間的な結び付きも出来、積極的な協力も得られる事になる。この事はまた、就労援助計画を立てていくための重要なポイントでもある。

一方、日常から当事者との話し合いを充分に行っていく事である。事業主との面接場面での注意や、希望している職種内容に耐えられるかの見通しなどを確認しておく事が出来る。更には、事前の事業所見学も必要となってくる事もあるであろう。そこで、もう少し現実的に考えてみるために、通所作業所、通所授産施設における実践を通じて二つの事例を追いながら、検討してみたい。

(2) 二つの事例から

①Aさんの場合

彼は、調理師免許を持っているが、長くて6か月がせいぜいである。デイケア歴もなく、保健婦の紹介だ。免許がある事から、早速来て貰う事になり、弁当部に所属した。仕事は少しばかり遅いが、真面目である。彼は、周囲の人間関係の中で彼なりに気にするところがあり、それが始まると休み出すようになる。

この彼が、途中で休み出した事もあったが、職員の接触が功を奏したのか、約1年を超すまでになった。その時点で、職安の紹介で「中国料理店に行きたい」と言い出した。何回も相談されて、主任の職員が職安に同行した。

彼は調理師の免許があるので、窓口の事務吏員に病気の話もした上で、就職の斡旋依頼をした。丁度、銀行の食堂の空きがあり、採用が決まり、その翌週の月曜から出勤する事になった。

しかし何故かもう一度面接があり、「君は、仕事が立て込んだりした時は、どんな状態になりますか」と聞かれ、「いらいらします」と答えた。この後、2～3の質問があり面接が終了したが、「明日から来なくていいですよ」と言われて帰されてしまった。主任が職安に問い合わせてもはっきりせず、施設長が仕事の合間を見て職安に出かけ、事務吏員に理由を尋ねた。

「こんな事は初めてです」と言うものの、業者に確かめた訳でもなく「あなたの言い分は正論です」と言うばかりで、そのうち統轄係長まで出てきたが、話の進展は見られなかった。施設長は、「早急に回答を」と言ってひとまず引き揚げた。翌日、統轄係長と別の事務吏員が業者とのやり取りを釈明に来た。「職安から連絡を受けた係員は耳が遠いため、曖昧なまま申し送りをして誤解された。その係員は別の係に移され、きちんと対応出来る人を据えた。A君には申し訳ない事をした」などであった。この直前に発生した、山村事件※も大きく作用したらしい。

※1992年4月12日に衆議院議員山村新治郎氏が次女に刺殺された事件。

その後、Aさんは弁当部に戻って来たが腰が落ち着かず、1か月後に別の店を見つけて来て、「働きに行きたい」と強く言ってきた。職安での事もあり引き留めたが、意志が固いため退所になった。「たまに遊びに来なさい。嫌になったら、何時でも戻って来ていいんですよ」と主任に言われて、苦笑いをしていた。作業所のように、周囲の人間関係をいろいろと配慮してくれる訳でもなかったので、初めのうちは給料が高い事を喜んでいたが、案の定、3か月ばかりで辞めた。

この後も、3か月で辞めたり、作業所に戻って来るのも恥ずかしいから店を転々と替えて、長続きしないでいる。

②Kさんの場合

病院のデイケアに通い、状態もかなり落ち着いてきたので、OTを通じて通所授産施設の申込みがあった。Kさんは B区で生活保護を利用していて、公営住宅に一人で居住している。年齢も30代の後半に差しかかっていて、1日も早く就労による社会復帰をして、自立したい気持を強く持っていた。

面接は緊張度が高くて、具体的に仕事の内容の事など説明すると、自分に出来るかどうか不安で「帰ってからもう少し考えてみたい」となった。考えるにしては長い間返事がないので、電話を入れた。迷っているようだったが、「申込みの気持があるのなら、とりあえず通ってみたら」「医師やOTに相談してみたら」などと話したりした結果、通い出した。

彼は、郵便の発送を主にするようになる。無口で仕事を体で覚えるタイプで、Gさんという年上の相棒と好ましいコンビとなる。Kさんの福祉の担当ワーカーとも、何度か電話で連絡を取り合った。

少しばかり自信がついてきた段階で、「仕事を探してみたい」と言い出した。日を決めて福祉のワーカーに来て貰い、ＯＴも交えて話し合った。ワーカーは理解ある協力態度を示し、前途に光が見えた感じだった。

そうした頃、「職安へ求職カードを見に行きたい」と言い出し、一緒に付き合った。居住地にある雑貨屋の雑用の広告を見て、行く気にもなっていた。不安を取り除く事ならと、何度も相談にも乗った。この後、就職について余り進展のないままでいるうち、ある日不意に、「くたびれたので通所をやめたい」と言ってきた。何があったからなのか、詳しい内容を聞いても言わず、「病院のデイケアに戻って落ち着きたい」と言うまでになってしまった。年齢の事もあり、充分考え、もうこれで最後のチャンスだから就職に失敗しないように、と言っていた矢先の事である。

説得しても無駄とわかり、了解する事にした。彼は授産施設を辞める事を職員が了解した時、何かから解放されたような、ホッとした顔になった。今Ｋさんは、２週間ばかり休息入院した後、病院のデイケアでさっぱりとした状態を保ちながら過ごしていると、人づてに聞いた。

（3）一般就労と福祉就労の意義

いわゆる福祉的労働と言うか、福祉的就労という名のもとでの、作業所や授産施設などの収入は極めて経済性の低いものである。個人個人の状況に応じて考慮されていくべきで、段階を踏んで一般就労に結び付くか、そうでないかについて、もう少し区分をすべきである。例えば、

①工賃は度外視して、毎日通う事が当面の目標

②毎日通う事によって、働ける感覚を取り戻す
③一般就労を身近な視野に入れて、いつでも発進出来る状況づくり

などのように多様な存在があってもよいのではないか。いろいろと手を尽くしても、一般就労に結び付くとは限らず、施設の横の連絡を充分なものとして、ネットワークを張るべきである。そこで、全家連が1991年から1992年にかけて行った調査の中で、作業所の利用者は、1985年の前回調査では8.1%に過ぎなかったものが、今回は21・1%と格段に増え、精神障害者の長期入院解消や、在宅から地域に出て来るようになった事が、急速に進んでいる事の現象と言えるようである（下記・表1）。

一方では、家族があげた、働いていない理由の中で、「体が続かない。働き始めると状態が悪くなる」がずば抜けて高く、「職場の人間関係」もこれに続いて高い比率だが、前者より減じてきているのは、障害者雇用施策の流れが好転してきている現れとし

表1　障害者本人の就労等の状態（在宅群）

種別＼年別	91年今回調査	85年調査
	人（%）	%
1）正社員・従業員	467(11.2)	9.3
2）パート・アルバイト等	486(11.6)	11.8
3）商工自営業	47(1.1)	2.1
4）農林漁業	82(2.0)	3.7
5）内職	102(2.4)	2.8
6）職親	96(2.3)	1.3
7）作業所	882(21.1)	8.1
8）授産施設	66(1.6)	1.2
9）その他	138(3.3)	1.5
10）仕事はしていない	1630(39.0)	27.4
無回答	184(4.4)	15.2
全体	4180(100.0)	100

表２　勤めていない理由［複数回答；２つまで］（在宅群）

種別＼年別	91 年今回調査	85 年調査
	人（%）	%
1）体が続かない	1200(32.5)	28.8
2）休暇が取れない	232(6.3)	6.7
3）通院日の休み	84(2.3)	4.0
4）職場の規律	230(6.2)	6.3
5）人間関係	690(18.7)	20.4
6）給料が安い	66(1.8)	3.2
7）技能・技術	311(8.4)	11.3
8）症状が出る	182(4.9)	3.8
9）その他	460(12.4)	10.3
10）わからない	241(6.5)	2.0
全体	3043(100)	100

注:表１で「正社員・従業員」「パート・アルバイト等」と「無回答」を除いた、N ＝ 3043 人の集計

表３　家族からみた障害者本人の就労意志

種別＼年別	91 年今回調査	85 年調査
	人（%）	%
1）ぜひ働きたい	418(13.7)	15.6
2）できれば働きたい	1169(38.4)	29.4
3）できれば働きたくない	181(5.9)	4.6
4）働きたくない	367(12.1)	9.8
5）わからない	451(14.8)	14.8
無回答	457(15.0)	25.8
全体	3043(100)	100

注:表１で「正社員・従業員」「パート・アルバイト等」と「無回答」を除いた、N ＝ 3043 人の集計

（表１～表３は、全家連発行の「精神障害者・家族の生活と福祉ニーズ '93」より転載）

て評価されていた（前頁・表2、表3）。

また、当事者の就労意欲は回答数の半ばにまで達していて無視出来ないとの指摘もあり、職場環境などの安全性が図れていけば、さらに伸びていく可能性があると言えようか。

（4）就労援助の視点

ところで、前記したAさんやKさんの事例を見ても、一般就労に結び付く事は、容易ではなさそうである。休み始めるとそのままになったり、人間関係がうまくいかなかったり、現実から逃げてしまいがちである。しかし、福祉就労、福祉労働としての作業所の存在価値は、適度な緩衝地帯として作用しながら一定の成果を上げてきているというのも事実である。今後はその裾野を広げていく事と同時に、保護的な援助も並行させながら、一般就労を現実的なものとして目指すべきである。

また、当事者が、「働きたいが」などと相談をしてきた場合、その人が選んだ仕事が本当にその人に合っているか。通院しながらでも働けるという条件が整えられているのかどうか。職場環境が恵まれているかについて、どのような関心を持っているか。当事者が掴んだ情報を基にして、医師と充分な話し合いを済ませているか。そのほか、就職にまつわる事項についても、当事者との話し合いの中で確かめながら、の援助が望ましいであろう。

ともすると、「働きたい」という気持ちと現実に仕事をやっていけるという考えとの間にギャップがあるからである。このギャップがわからぬままに就職をして、失敗を繰り返しているケースが余りにも多いからである。働く気持を尊重しながら、現実とのズレを出来るだけ正確に知ってもらう必要があるし、納得してもらう努力を失わない事である。
心を病んでいる人たちは、ほんの小さな支えでも心に勇気を与えてくれるきっかけを、内心しきりに求めている。その支えは、障害を克服していける糧にもなり、いずれは身についていく事で力ともなっていく。今こそ、精神障害者に理解を持った関係者のネットワークを、より広げる時期に来ているのではないだろうか。

1995年4月　月刊ぜんかれん　掲載

若者に冷水をかけた老人の話——公扶研再建大会に出席して

都現協ＯＢ　髙木博光

仙吉「公扶研の再建大会に参加したんだって？」
幸一「はい、大感激をして帰りました」
仙吉「ほう、それは良かった」
幸一「でも、まだワーカー2年目なので、内容的には難しくてノートを取るだけで精一杯でした」
仙吉「印象に残ったというか、何か君なりに気がついた事があったら聞かせてくれるかい？」
幸一「そうですねえ、福祉川柳事件の事が分散会でも総会の中でも出てました。それよりも、久田恵さんの書いた『ニッポン貧困最前線』の批判が強く出ていたような気がしました。それについては書き手の精神と言いましょうか、文章上に現れない考え方と言うんでしょうか、貧困を捉える姿勢が少しばかり違うのではないか。彼女の考えを進めていくと、詰まるところ、惰眠論に行き着いてしまう。だから容認する事は出来ないなど、かなりきつく出ていました」
仙吉「うん、なる程。それで君は、あの本を読んだのかい？」
幸一「ええ。職場の先輩が持ち歩いているのを見て、借りて読みました」
仙吉「で、どうだった。本の感想は……？」

幸一「それはですねえ。先ず、文章が上手いなあと感心しましたね。また、これは生意気な事を言うようですが、疑問として残った事があります。久田さんは福祉事務所で働いた経験はないですよね。だから、ルポライターとしては、自由に書ける立場にあった。でも彼女にとっては、身分的な保障もなく筆一本で、しかも自らの足を使って書くしかない。それは、幾ら取材を充分にしてみたところで個人としての限界があります。にもかかわらず、彼女なりの判断をして発表した。当然の事ながら、行政などの側から見れば内容的に不充分である。それればかりではなく、誤解を他に与えてしまう要素のものである、との批判が出てもやむを得なかったのかもしれません。しかし、それなら何故、久田さんが書いた内容のものを、行政の一員である誰かが、もっと早く書いて呉れなかったんだろうか、という事なんです」

仙吉「なる程ね。確かにそれは言えるかもしれない。君の考えは分かった。皆、それぞれ考えが違っていて当たり前だものな。だけれど、われわれだって手を拱《こまね》いていた訳でもないのだよ……。君も知っての通り、行政には守秘義務が課せられていて、一般の人が考えている以上に個人の秘密を守る事に対して厳しいものがある。自由に書けない分、久田さんに先を越されてしまった、と取れない事もないのだがね……。この問題は揺るがせに出来ないけれども、再建大会は川柳問題が発端となったものだから、今日はそちらを話す事にしよう。そこで、参加をしてみて君の考えている事と、どう噛み合ったのかぜひとも知りたいものだね」

幸一「そう言われると困ってしまいます。未熟なのにどう噛み合ったかなんて、恐れ多くてとても言えません。ですから僕は、福祉川柳事件をよく知っている訳ではありませんが、公的扶助に関係のある人たちが社会的に非難を浴びるような記事を出してしまった事は、なんとも取り返しのつかない事をしてしまったのではないでしょうか。また、この事によって社会に与える影響や、社会福祉従事者が日常の仕事の中で具体的に指摘されたり、非難を受けたりなどの場面が相当多かったのではないでしょうか」

仙吉「真面目に、真剣に取り組んでいた人たち程ショックが大きかったのだろうし、そう簡単には拭い去れるものではないだろうな。ところで、参加者が140名を超えてまずまずの評価だったようだが、地域別ではどうだったか、気になるところだね」

幸一「はい。北海道から九州からと、幅の広い参加がありました。それと、今まで殆ど参加の無かった四国からの参加は、珍しい出来事として伝えられていましたね。しかしですねえ、幕張という立地条件が良いのに東京からの参加が少なかったのは意外でしたし、不思議でもありました」

仙吉「君がそう考えるのも無理がないかもしれない。別に無責任な事を言う訳ではないけれど、東京の福祉従事者（と言っていいのかな）は川柳問題で深く傷ついてしまっているのではないのかな。その傷が未だ充分に癒えてない事の現れが、参加に踏み切れなかった原因となっているように思えるね」

幸一「はあ、そんなものなのですか。僕にはよくそこのところはわかりませんが。そうすると、久田さんが書いた文章が投げかけた波紋は、どういうふうに考えるべきなんでしょうか」

仙吉「そうだなあ。うーんと、難しいなあ。余り困らせないでくれよ。とにかくだ、久田さんの書いたものの中身に対しては私なりの批判もあるし、それはそれでキチンと反論なり生産的な議論を闘わせていく必要があるとは思っている。しかしながらね、私の古い友人は、川柳問題をワーカーの十字架である、と言うんだよ。私には、彼の言った真意はよく話し合った訳ではないから憶測の域を出なくて悪いのだが、ワーカーは、川柳問題をきっかけにして重い十字架を背負ってしまった。それは、何時果てるとも知れない重みを持って、迫ってくる問題である。久田さんはその十字架を、彼女自身気づいていないかもしれないけれども、あの本によってわれわれに示したかったのではなかったか、と捉えてみたのだよ。そうすると、批判も大切だがわれわれ自身が背負ってしまった十字架の重みを、改めて認識しておいて貰いたいのだよ」

幸一「あーあ、弱ったなあ。折角大感激をしていたところだったのに、少しばかり薄れてきてしまいましたよ」

仙吉「ごめん、ごめん。そんな積もりで言った訳ではないんだよ」

幸一「分かっていますよ。やはり言われた事をよく考えてみます。充分に理解をするために、川柳問題の発端になった資料や再建に至るまでのプロセスなども読んでみようと思います」

仙吉「なかなか素直で宜しい。君がそういう心掛けなら、必要な資料は提供してあげるから遠慮なく言ってきなさい」

幸一「はい、その節はどうぞ宜しくお願いします」

仙吉「君があんまり素直なものだから、つい蛇足を言いたくなってしまったんだが、大感激をする事も大切だ。そうした感性の持ち合わせも蔑《ないがし》ろにしてはならないだろう。公扶研は確かに再建された。ここまで苦労しながら積み上げてきたスタッフのエネルギーは大変なものだったろうと思う。だからこそ、今日の日を迎える事が出来た喜びも一入《ひとしお》なのだが……。再建が出来たからと言って喜びにばかり浸ってもいられないのだ。何度も言うようだが、われわれが背負ってしまった十字架は、絶えず見えたり隠れたりしながら公扶研活動を注視していくであろう。福祉川柳問題という事件が二度と繰り返されないためにもね」

幸一「よく分かったつもりです。伺ったお話の中で分からない部分もありましたが、僕にとって公扶研活動は、教師でもあり仲間でもありロマンでもあります。この次にお目に掛かる時までには、もう少し勉強をして僕なりに飛躍を遂げられるように心掛けてみます」

仙吉「その日が早く来る事を、願ってるよ」

幸一「それは、美味しい酒を、ご一緒に飲めるという事ですよね」

仙吉「そういう事だ。じゃあ、また……」

1995年5月　季刊公的扶助研究再刊第1号（通刊第159号）掲載

プライバシーが無くなった世相

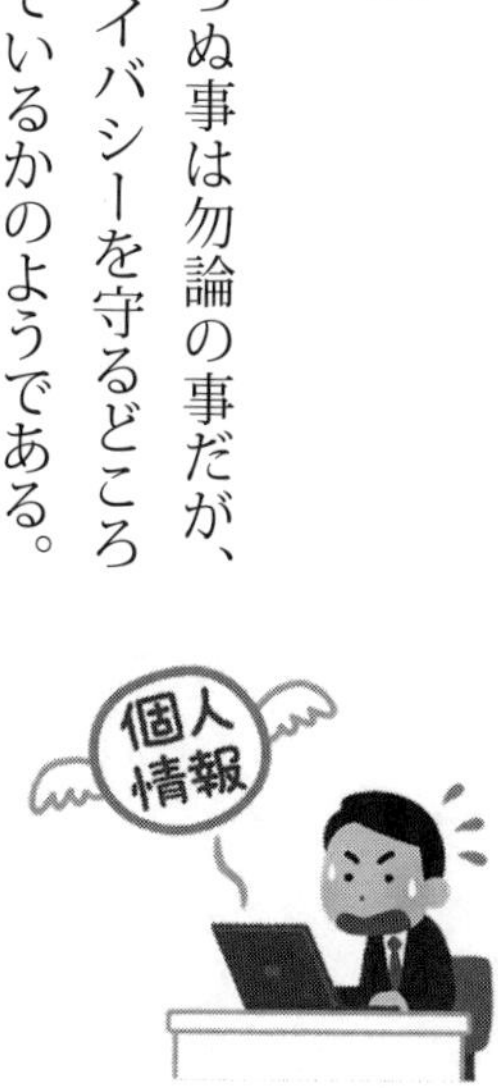

プライバシーを尊重し、キチンと守っていかねばならぬ事は勿論の事だが、今の世の中、一体全体どうなっているのだろうか。プライバシーを守るどころか余りにも開けっぴろげで、その努力をあたかも嘲笑しているかのようである。

神戸で起きた少年による残虐な事件では、一部の雑誌に写真が掲載されてしまって社会的に大きな波紋を投げかけたが、「先にやってしまったほうが勝ちだ」とでも言うのだろうか、殆ど尻つぼみのままで何時しか立ち消えになっている。

プライバシーといえば、余り人には知られたくない、自分の秘密を公にされたくない事などを社会的に制限する事と認識している。だがしかし、道を歩いていても電車に乗っていても、はたまた居酒屋に立ち寄ったとしても、そこで起きている現実は、プライバシーが守られているどころか聞きたくない話を押しつけられたり、タレ流しと言ってもよい状態が多すぎるのだ。

それは、こんな具合に急に訪れてくるのである。

朝の出勤の途中であるが（70歳ニナッテモ、マダ、ゲンエキデアル。ネンノタメ）、「もしもし」と呼び止められた。呼び止められたのではない事が、後ろを振り返ってみて初めて分かるのである。そこには、歩きながら携帯電話を掛けている、アカの他人がいるのである。考えてみるまでもなく、これは甚だ迷惑な話である。呼びかけられたと思って振り返った人間がいる事などまるで眼中にないのである。

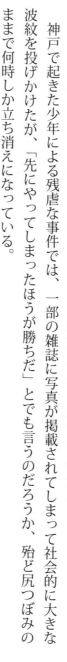

二つ目は、電車の中での事である。右側にいた若い学生に、けたたましくベルが鳴り響いた。彼は面倒臭そうにスイッチを入れると、急に怒りだすのである。曰く、「馬鹿野郎、ふざけんじゃねーよ。てめーで考えろよ。そんな事で一々電話なんかしてくんなよ」と言って直ぐに切ってしまった。周囲の人たちには相手の声は全く聞こえてこない訳だから、理由もなく関係のない奴から怒られているようで、甚だ不愉快なのである。この若者は、近くの者たちが迷惑がっている事など一切お構いなしである。その理不尽な態度にいささかも気づいてないのである。

ついでにもう一つ挙げておこう。

地酒が旨いと評判の居酒屋で、一人ゆっくりと味わっている。隣席の客に、携帯電話が掛かってきた。話している内容は、極めてたあいのないものである。二人の酔客は、入れ代わり立ち代わり自分たちの身辺事情を、辺り憚らずに声高に喋りまくっている。耳には決して快くないだみ声で、延々とやっている。余りの事に一言ぐらい言いたいところだが、こちらも酒が入っているから逆に酔漢扱いにされてしまう恐れがある。苦々しく思いながらも、黙って耐えていかなければならない。もう最悪である。

こんな店に二度と来たくないと思っても、他の店でもこうした嫌な事が、起こらないという保証は何もないのである。事程左様に、日本国中プライバシーの安売りである。プライバシーは、守らなければならないものだが、前記したような状態を他人に押しつけてはいけないのである。私事を辺り一面に撒き散らかしているようでは、プライバシーを既に投げ出してしまったと同じ事ではないか。

ところで、ワーカーである公務員は、「職務上知り得た秘密は、在職中は勿論の事、退職した後も、他に漏らしてはならない」という厳しい規定がある。これは職務上やむを得ないものだが、今の社会情勢を見る限りでは、なんとも心もとなくなるのである。

最近のワーカーは、やたらと事務量が多すぎてそれに追いまくられてしまって、肝心の個別処遇に目がいかなくなってしまっている。過去にもワーカーの仕事を評して、計算ワーカーと言った時代があった。経済不況の影響を受けて、最近はケース数も増加の一途をたどっているという。並行して、事務量は倍加していく事であろう。余りにも忙しすぎて、大切な訪問そっちのけで1日も早く書類をあげようと必死になり、計算ワーカーならぬ書類ワーカーに成り下がっていく。

朝の出勤途中、道を歩いている途中、何かの折に出かけた途中などから、やたら携帯を保護利用世帯に当然の意識としてかけ捲《まく》り、それで実態把握をした事として済ませてしまう。書類作りが先にあって、それに保護利用世帯の実情を合わせていってしまう。そんなワーカーには、間違ってもなって貰いたくないのである。

公務員は、民間に比して権限も身分もその他多くが保障されている。それ故に、現状に甘んじてしまって自覚に欠けてはいないだろうか。

なればこそ、保護利用世帯と本気で付き合って、重い悲しみや言えない辛さやたどってきた過去の人生に対して、真剣に理解を示す事を決して忘れないで貰いたいのである。

（博）

1999年5月　季刊公的扶助研究通巻第173・174合併号（再刊第15・16号）「ひといき」掲載

研修を雑感する

今から何年前になるだろうか、某県の新人研修に毎年1度か2度付き合っている。

事前にワークシートを書いて貰い、それに目を通しながら喋る内容を原稿化して当日に臨んでいる。

冒頭に当たって必ず聞く事があって、今年も同じように聞いてみたのである。

「福祉事務所に全く初めて配属されたとか、他の課にいた時、間接的に聞いてはいたがいざ来てみて日々の仕事に接してみると、とても自分には向いていないので1日も早く他の課に異動したいと考えている人は手を挙げてください」

と言ったところ、驚く勿《なか》れ、52名の研修生のうち殆どの人たちが一斉に手を挙げた。

普通、こういう質問をした時には、「研修に来ている」という意識などが働いて、何となく躊躇気味にパラパラと挙がるものだが、今回は違っていて、甚だ気になったのである。

姿勢が良いのもそうだが、勢いが付いているようでもあり、皆一様に前を向いてしっかりと挙げたのである。

日常の業務に対する拒否感が、研修に来てみて素直に出てしまったと受け取れたからである。

また、ワークシートの中で「新人ワーカーが、ケースへの対応として、威厳の持ち方と受容をどう

考えるべきか」とあったが、昔ならいざ知らず、役人としての威厳を利用者への対応として考えている人もいる事に、呆れてしまうだけでは済まない問題の根深さを感じてしまった。

この場合の「対応する時の威厳」についてであるが、これはすべての研修生に当てはめられないにしても、何となくだが、未だ受け継がれている役人根性がこの言葉から見え隠れしているように思えてならなかった。

それに、公務員の特権的体質が今もしっかりと根付いているようで、深く考えさせられてしまった。

その日はこの事に触れない訳にはいかず、書いた個人を特定して名指しする訳にもいかなかったから、「威厳の存在するところに受容はない」という趣旨の事を話の中で強調しておいた。


（博）

２０００年８月　季刊公的扶助研究第１７８号（再刊第20号）「ひといき」掲載

生きる権利を放置した福祉行政

ある県の新人研修会で「対人援助について」が、テーマとして与えられていた。一方的にしゃべるだけでは能がないので、ＮＨＫのドキュメンタリードラマを見せた。これには若干の意図があって、視覚に訴える映像によって、より多くの「対人援助」の何たるかが分かってくれるものと考えたからであった。

内容は相当悲惨なもので、老夫婦が長年住んだ公団を追われ、近くの路上に車を停めた中で、援助のないまま餓死を遂げたのである。これを見終えた後、５組に分かれての討論、そこでまとめた結論の提出を求めた。一つひとつみていく中に、見過ごせない文面にお目にかかってしまった。曰く、「本人が保護を利用しないという強い意志があり、その人の人生だ。権利を使わない権利もあっていい」。

新人の研修だから事情が分からないでもないが、夫婦への暖かな人間的視点を期待したのは、最初から間違っていたのだろうか。

人にはいろいろな生き方があってよい。それはそれでよいのだが、この夫婦がいた地域の幹部は、「申請の意思がないから強制は出来ない」と答え、この後車はレッカー車で他へ移動されたのだが、そこでの幹部は、「車での生活者は保護出来ない。施設に入るか部屋を借りるかしなければ。居住がはっきりしないから」などと調査もせずに言ってのけている。

生活保護手帳の冒頭には、国の考えが次のように示されている。「第三者の意見を聴取する事、実態を把握し、事実に基づいた保護を行え」としている。現実はどうであっただろうか。実態の把握もろくにおこなわずに、二人を死なせてしまった。夫婦は、本当は生きたかったと思う。生きる権利を主張したかったに違いない。だが、周囲は誰も手を差しのべず、二人は絶望してやむを得ず餓死への道をたどらざるを得なかったのである。死の直前にあっては、思考さえも不確かだったのではないだろうか。苦しかったであろうし、口惜しくて仕方がなかった事であろう。

にもかかわらず、肝腎の福祉行政は、何の手立てもしていないのである。この夫婦に向かって、本当に「死ぬ権利があってもいい」などとノー天気な事を言ってしまうのが許されるのであろうか。こうした状況を放り出しておいて、「死ぬ事に権利がある」などと片づけられてはたまったものではないのである。ましてや、拱手傍観《きょうしゅぼうかん》していてむざむざと、夫婦を死に追いやってしまったのである。

行政のあり方の問題をこそ、5組のグループとも指摘して貰いたかったし、この内容の深い反省から、「対人援助」の大切な教訓を学び取る事が出来ると信じたのだが、見当違いの発言なのであろうか。

（博）

2001年7月　季刊公的扶助研究第182号（再刊第24号）「ひといき」掲載

個展で得られた収穫

いみじくも昨年の11月中旬に、新宿で写真の個展を開いた。

最近頓《とみ》に自分がかなりの高齢になっているとの自覚があって、何かに急かされる気持の、これは延長線上での行為でやってしまったと思っている。この年齢では何時死んでもおかしくはないのだが、曲がりなりにも自分の生き方について、なんとなく何かが足りなくて、それを僅かでも満たす事が出来ないものか、と普段から思っていて心に引っ掛かっていた。

たまたま友人と飲んでいた席で（飲んでいる時でないと、こういう機会が訪れないのが悲しいのだが）写真の話となり、「1回くらい個展を開いてみたら」と話が進み、「そうだ、自分の記念になるものを自分で確かめる良いチャンスだ」と信じ込んだ。

約半年をかけてネガを選び、40枚を出し、このうち〔花火〕が18枚に及んだ。冬に向かっている時期に〔花火〕でもあるまいと思ったが、いわゆる「ドーン」と上がったモノではなくて、デザイン的なものが多かったので違和感なく出せた。

客観的な判断を得たかったので、「冷やかし帳」を2冊用意し、自由に記入して貰った。世間並みに褒めてくれた方が多かったのはやむを得ない事だが、目的としていた事がある程度叶えられれば、実行した甲斐があるというものである。

3日目に、女性の友人が若き陶芸家を連れて来たのだが、この彼が書き残してくれた文章に、ひど

く心惹かれたのである。

曰く、「彫刻を勉強していて、実際に手で触れる事で〔形〕というものを追求しているのですが、今日〔花火〕の写真を見て、暗闇の中に空間を感じ、その中に手で触れる事の出来ない〔形〕があるのを発見し、有形であるとか無形であるとかではない、存在というものについて、考えさせられました」。

この彫刻家の言は些《いささ》か哲学的であるが、それでも彼が異なった分野に接する時点で、芸術への新たな開眼を果たしたと思える。こちら側は、新たな視点に気づかされる効果があった。

私の写真が芸術に値するものとは努々《ゆめゆめ》思っている訳ではないが、人知れず苦労していたものを公開したために報われた気がしてくるのである。分不相応ではあったが、思い切ったために得られた私にとっての大きな収穫だった。

人はいつの間にか自己の中に考えを閉じ込めてしまって、周囲が見えなくなると「これで良し」としてしまう愚を繰り返しがちである。何事もそうかもしれないが、「他山の石」「井の中の蛙」にならぬように自戒したい。


（博）

2002年7月　季刊公的扶助研究第186号「ひといき」掲載

路上生活者と行政の対応

8年前から更生施設に、月2回の割合で関係している。この施設は、単身男子60名が入所している。近頃の傾向として、60歳以上が半数に近い数を占め、90％が路上生活者だと言われている。

ところで、ここには、毎年秋になると実習生がやってくるので、出来るだけ協力する事にしている。その実習生の一人から学園祭に誘われ、ある日曜日の午後に出掛けた。彼女たちが企画したのは、実習の成果を活かそうと考えたのだろう「聞こう知ろう話そう野宿生活」という大変地味なものだった。

会場に着いてしばらくすると、路上生活者の一人を把《とら》えてドキュメント風に追ったものが上映された。これは人間の尊厳を考えさせ、取材されている人が徐々に生き生きしていくさまが鮮やかに描き出されていて、人間の回復していく実態を、支援者の行動を通して鋭く示唆する内容だった。この会場は同時に、路上生活者を撮った写真展が開かれており、その中の1枚が目にとまった。

ベンチが異様に短いもので、「寝られると厄介なので半分にされた」と説明書にあった。しかしそれにもかかわらず、下半身をはみ出しながらも器用に寝ている姿が、白黒の写真だからこそリアルに感ぜられた。確かにベンチは寝るところではあるまい。けれども、やむを得ず休まざるを得ない人を否定してしまう、セコい事を行政はよくやるのだ。これで思い出した事がある。

都庁が新宿に移ってくる前だと記憶しているが、地下道には既に路上生活者が塒《ねぐら》を求めてやってき

ていた。これを排除する方法として行政が実施したのは、よくも考えたものだが地下道一帯に放水をして水浸しにし、寝られないようにした事であった。その後、余りの事に歩行者からの苦情が殺到した結果なのだろうが、今ではせっかくのアイデア?もやめざるを得なくなったようだ。

かつて福祉事務所のワーカーでいた頃、路上生活者の問題については山谷に派遣されたり、仕事上他区との会合に出席したり、有志が集まっての検討会などに縷々《るる》関わりを持っていた。その都度出された話は、区や都のレベルを超えて、これは明らかに国の労働行政、厚生行政が連携をして、抜本的な解決を図るべきだという事である。

遅きに失した感もあるが、2002年7月31日、ようやくにして「ホームレスの自立特別措置法」が成立した。中身の事を云々《うんぬん》するとキリもないが、10年を経過すると効力を失うとの謳い文句があるところを見ると、それまでには充分な施策がなされるとみてよいのだろうか。

少なくともベンチを半分にしてしまうような愚は、なくして貰いたいものである。

（博）

2003年1月　季刊公的扶助研究第188号「ひといき」掲載

「劇場型社会」に生きていて

昨年だったか、道を歩いていたら二人連れのガングロの娘さんから「おじさん、それ幾らした？」と聞かれた。何の面識もない娘さんから、何が幾らなのか分からずに瞬間ポカンとしてしまった。彼女らは、自分たちの頭を指して返事を促した。それでも未だ分からずにいた私に対して、苛立った二人は「髪の染め代だよ」と言う。暫くして理解したもののどう答えれば良いのか迷ったが、「染めてなんかいないよ。天然だよ」と言ったところ、急に興味を失くしたのかサッサと行ってしまった。

今年に入って、或る精神障害者の作業所から、利用者宛に生活保護の話をして貰いたいと頼まれた事があった。帰りにスタッフと一杯やっていたら、そのうちの一人が言い出した。今日は帰ってしまったが、臨時に来て貰っている女性スタッフから「どうやったらあのように白く染まるのですか」と聞かれたと言う。

またもや私の白髪頭の話題である。スタッフたちとは長年の付き合いだから、年齢が来たから白くなった事を知っている。彼女と会うのは初めてだから、直に聞けずにスタッフに密かに聞いてみたのであろう。

又、バスや電車内などで只管《ひたすら》お化粧に励む若い娘、それを年配者が苦々しく思っている現実、若い娘さんから髪の毛の染め具合を聞かれてドギマギする老人等々、時代の変化と言われればそれまでだ

が、これが「劇場型社会」の一点景（?）だと見ればなんとなく分かったような気がしてくる。

学者の言っているところによれば、日本は豊かになり過ぎた結果、都市的な生活様式が社会の隅々にまで浸透してしまった。それは社会的な均質化を招き、差別化をしにくい状況も生んだ。加えてテレビなどの普及が「見る」という要素を助長し、「見て」判断する事が日常化をたどり、人が人を理解する場合、「外見」が唯一のバロメーターとなってしまった。中身よりも「外見」が優先してしまっている。だから、若い女性たちのように自分をどう見せるかに腐心するのもうなずけてしまうのであろうか。

今の時代、価値観も激変し、既存のルールも次から次へと破られている始末である。何を目的とし、どう生きるべきかさえも不明で混沌とした社会である。こうした中で、最近の事だが、「最小限で敵の基地攻撃力を保有する必要がある」と、若手の国会議員100人以上が超党派で言い出している。これらの人々は、あの悲惨な戦争を知らない世代だから勇ましい事が言えるのかもしれないが、こういう時代だからこそ、現実味を帯びてくる恐ろしい問題である。

「劇場型社会」の行く末に、有効な答えが期待出来ない昨今、心揺らぎつつ過ごしている日々である。

（博）

2003年8月　季刊公的扶助研究第190号「ひといき」掲載

少数派が喜べる世の中に

　エスカレーターの昇降に疑問を持っている一人である。何時の間にか左側に寄る事が一般化してしまっているからだ。これは法律で定められたものでもなく、公に論議されて「こう」と決められたものでもない。それなのに何故に暗黙の了解が成立し、抜き差しならぬ強制力を持って社会を制しているのであろうか。

　殆どの人たちは、誰に言われる事もなく、皆一様に左側におとなしく納まっている。空いている右側は、忙しそうに駆け上がって行く人がすべてである。ステップを駆け上がって行く人のバランスが崩れて、倒れそうになったのを見た事もある。この揺れ動きは、方や静かな左側との間に不均衡をもたらし、機械そのものの故障にも繋がって思わぬ事故が発生しないとも限らない。

　くたびれている時にはお世話になる事もあるが、右側に立つ事にしている。自分の好きなようにしても迷惑が掛かる訳ではないからである。だがその際、決まって肩を叩かれたり不快な目で睨まれたりされる事が多い。そんな時に思う事だが、エスカレーターの用途を考える時に、多くの人を上下に運ぶのだとすれば、右側にも左と同じように詰めた方が効率よく移動させる事が可能ではないか。何も忙しい人のためだけに右側を遊ばせておく必要はない。

　とは言っても多数派に押し切られているのが現実の姿であって、これは当分変わりそうにない。日頃こうした事を考えていたところ、新聞の「声」欄に「『急ぐ人を優先して当たり前』が蔓延し、事

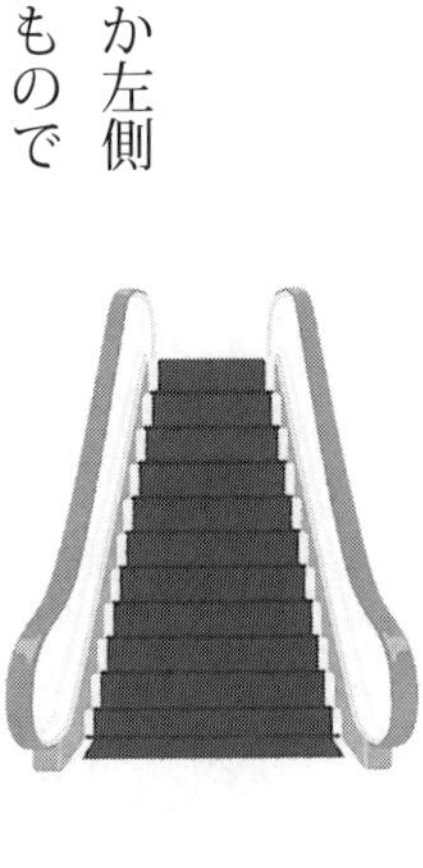

故が起きなければよいが」との指摘が載ったのだが、2日後同じ欄に「片側追い越しマナーで解決」という事で、あたかも右側にいる人は道を塞いでいるとの感覚で捉えられていた。これが多数派のための論理として世間を代表している考えであろう。

ところが、翌日のこの欄に「ステップの左に私は立てない」が載った。女性のWさんの言い分は、複雑骨折の後遺症で左側に立てない。杖を左に持ち替えて、右手でベルトを握ってバランスを取っている。怒鳴られたり後ろからぶつかる人もいるとの訴えだった。

ところで、エスカレーターの問題を取り上げたのは、Wさんのように、いわば少数派であるが故に苦しんでいる人に耳を傾ける必要を感じたからである。公的扶助関係者は少数派の人を守り、あらゆる努力を傾けて支援する責任の立場にある事を、自戒を込めて言いたかったのである。

（博）

2004年4月　季刊公的扶助研究第193号「ひといき」掲載

言うべき時には言う勇気を

よい年をして怒っているなんて馬鹿みたいだと思われるかもしれないが、見るもの・聞くもの、黙ってはいられない話が多過ぎる。定年退職をしてから16年にもなってしまった。嘗て、満員電車に揺られながら長距離通勤をしていた頃には、仕事の方に頭がいってしまっていて、周囲の事や社会の動きに鈍感になっていたような気がしてならなかった。通勤苦から解放された毎日を送るようになってからは、一気に世の中が身近に迫って来て、ついつい周囲の状況を観察してしまう事になる。

シルバーシートがプライオリティシートとなって、妊産婦・身障者・老人などに配慮した内容に変わったが、何故に横文字なのであろうか。また、車内アナウンスが繰り返し携帯電話の電源を切れ、マナーモードにしろ、席を譲れ等々、延々と喋っている。だがこの言葉の何と虚しく響く事だろうか。

嘘ではない、車内を見回してみるとよい。優先席に座っているのは殆どが若者で、傍らに老人などが居ても席を譲る気配がなく、酷いのになると狸寝入りを決め込んでいる者もいる。

今の世の中、上辺だけで生きているように見えて仕方がないが、しかし、これでよい訳はない。時折車掌が回ってくるが、乗り越しの確認のみで優先席が有効に使われているか否かを確かめる事もなく去って行ってしまう。

大分前の話になってしまうが、元ハンセン病患者の人たちが、熊本県内のホテルへ宿泊の申込みを

し、病名が判明した事から予約が断られてしまった。これがマスコミの知るところとなり、問題が大きく取り上げられた。ホテル側は謝罪を申し入れた。こうした成り行きは往々にしてある事だが、いつの間にか問題の追及がなされないまま消えていってしまうのが常だ。驚いた事には、ホテル側の行為に賛同を唱える人が多数いて、しかも施設に入所する元ハンセン病患者の人たちに対して、非難・中傷する投書が数多く送られてきたのだという。

「社会的に庇護を受けているのだから、我が儘《わがまま》を言うな。生意気な事を言ってはいけない」的な表現がその内容だったという。これらの人たちが言った事が、社会的な発言のすべてではないだろうが、事程左様に今の日本の社会は見て見ぬふり、自分の事が最優先で、他人の不幸に対して思いやる心が欠如してしまっている。

必要な状況に対してもの言う人が少ないのもそのためかもしれないが、人間は周囲の人たちと共通の社会で生きているのだという事を忘れないためにも、「言うべき時には言う」という勇気を持っていきたいものである。

（博）

2004年10月　季刊公的扶助研究第195号「ひといき」掲載

ケースワーカーの足跡をたどる

都現協発行資料のエピソードとして

「都現協」は、1963（昭和38）年頃からの小規模な活動から、昭和39年2月の「東京公的扶助研究会」と改称されたあたりから、少しずつ知られるようになってきた。

しかし、福祉事務所をめぐる周囲の状況の変化として昭和40年に地方自治法が改正されて、福祉事務所は都から区に移管され、異動の幅が狭くなってしまった。そればかりではなく、専門職としての位置づけが失われ、未経験の職員も頻繁に異動が行われるようになってしまった。

この2年後に美濃部都政が誕生した事で、保守都政と異なって職員も公に自由にものが言える雰囲気が生まれた。都政新報のコラム欄などにもそうした投稿が掲載されているのを読んだ記憶がある。

1968（昭和43）年11月、「都現協」の例会が東京都心身障碍者センターで行われた事があった。たまたま友人から誘われて参加したのだったが、びわこ学園の職員と子どもたちを描いた「夜明け前のこどもたち」という長編映画が上映された。この冒頭シーンで、瞑《つむ》っていた子の目が徐々に開かれ、見開かれた黒い瞳の中にポツンと光が当たって、リアルに濡れていた。カメラは少しずつ後退して子どもの顔が大写しになる。今でもこの映画から受けたショックは、心の中から消え去っていない。

「都現協」に批判的だった私だったが、翌日には友人を介して入会し、この後熱心な活動に足を踏み入れる事になる。この頃、一本釣りと言って個別に一人を定めて勧誘した方法が今でも懐かしく思い出される。

研究活動をする場合、一定の話し合える場所が必要だが、昭和45年の再出発当時は会場難に苦しみ、ようやく新宿の「いろり」という貸会議室が見つかり、ここを当分の間の根拠地として幹事会の定例化が図られた。

ところで、資料集の表紙と裏表紙の写真は、昭和45年5月に「都現協」が主催した御岳山行きハイキングのものである。「都現協」活動は、ややもすると家庭や家族から離れたものになってしまいがちである。だが考えてみると、家庭や家族の後押しがあってこその活動であるべきで、これはそれを裏付けている事の例として、千葉の白子海岸に子どもたちを連れて海水浴に行った。夜になると民宿の裏の田圃に蛍が群がっていて、子どもたちはあまりの光景に驚きつつも初めての経験に大声で叫びまわっていた。こうした和やかな雰囲気、家族を巻き込んでの活動の大切さをお互いに共有しようとしていた頃でもあった。

「都現協」の存在を知ってもらうための地道な努力も重要だったが、毎年行われている東京都主催の実施要領改正意見検討会についても、職場からは適当な内容が提出されるだけだったが「都現協」としては、実施要領が現場での実態とかけ離れていたり、内容的にもそぐわない状況を明らかにするべく、幹事会でかなりの議論を踏まえて相当な量のものを「都現協見解」として民生局に提出をした。

このような地味な方法がやがて都から認められる結果となったようで、改正意見検討会では特別に「都現協」用として2～3の席が設けられるほどにもなった。紙幅の関係で多くを語る事は出来ないが、昭和45年の入院患者実態調査では、特に入院日用品費が中心だった。1983（昭和58）年には有名な123号通知への批判を込めた見解を出し、全国から東京はどう出るかと注目されていた。都から出された昭和62年度以降の扶養義務の取り扱いについても、一律的機械的調査に対して改善案を提案している。また、裁判沙汰にまで発展し、長い年月を経て高校進学が教育扶助ではないにしても、公に大手を振って認められるようになった。

思えば幹事会ではこの問題には皆関心を寄せていて、充分に議論して調査をしたのだが、これは今から36年前の話である。「都現協」が何度となく再出発を繰り返して、1997（平成9）年9月に再建を期してから8年が経過している。今こそ本来の姿である「都現協」の調査か、調査の「都現協」かの原点に立ち返って貫いたいと念願しているところである。

2005（平成17）年6月17日（金）都政新報　掲載

未だ変えられていない行政のサービス

4月に90歳の義母が病院で亡くなった。私だけなんとか死に目に会えたが、残された資産の相続について動かざるを得ない立場となり、連日のように区役所通いをしている。その役所も今のところ足立区など4区5市1県に及んでいて、その多さに辟易している。

義母は普段言葉少なだったので、肝心な事を聞いておく事が出来なかったために災いとなった。こうした事態に遭遇してみると、自分が元公務員である事を頭の中で意識しながら、役所の対応や言葉遣いや、来所してきた人たちに対するサービスの加減、記入場所の便利さなど大変気になりつつ、一住民の立場で眺めてみた。

どこの戸籍課でも共通していた事は、皆一様に職員は椅子に掛けていて、こちらは立ちっぱなしという事だったのである。これはよく解釈すれば（?）、戸籍もそうだがコンピューター処理だから、余り時間をかけずに済む事で、わざわざ椅子を用意する必要がないという事なのかなと思っていた。しかし相続の事になるとそう簡単にはいかず、じっくりと時間をかけて聞かなければならないという事も、今回の事で分かってきた。

してみると、フロアーにいる案内人が状況を判断して、椅子を勧めてくれるべきだ、と考えた訳であったが、何処もかしこも老人に椅子を勧めてくれる役所は皆無だったのである。これが役所の日常かと思うと情けなくなった。

そんな時E区の戸籍課に行ったのだったが、眼鏡を掛けて、なんとなく意地悪そうな感じの女性に促されてカウンターに立ったが、件《くだん》の女性は椅子に当然のように座ったままだった。言葉つきも丁寧ではなく（別に丁寧さを強要するつもりでもないし、普通でよいのだが）、この人の言葉遣いも初めから良くないし、話の内容が彼女なりに埒《らち》が明かないと判断したのだろうか、急に「私は他に仕事がありますから」と言って席を立ち、奥の方へ行ってしまった。こちらも切れて「あんた何を言ってんの」と思わず大きな声を出してしまった。

暫く課内は沈黙の後に、かの女性が中年の白髪まじりの男性に耳打ちをしているのが視野に入って来たかと思うと、その男性は分かったという風に頷きながら、カウンターまでやって来た。その男性は嫌がりもせず何度も謝りながら、女性とは打って変わった対応をしてくれた。勿論立ったままだった。お蔭でこちらが考えが及ばなかったものまで引き出してくれ、目的が果たせたのであった。

そこで考えてしまったのだが、この女性の問題は、ややもすると個人の問題として片付けられがちだが、こんな時に誰かが出てきて問題解決を図ろうとする事も出来ないようでは、組織が死んでいるとしか思えなかった。

未だ変わっていない行政のサービスを垣間見る出来事であった。


（博）

2005年7月　季刊公的扶助研究第198号「ひといき」掲載

今、何故に大学入学か

私が7歳の年に、母が31歳の若さで病死した。身近な者の死に対して、悲しみが湧いてくるよりも、それが自分にとってどのような意味を持っているのか、分からないでいた。ちょうど小学2年生の頃だったが、優等生から一転して劣等生への階段を駆け降りていった。環境の激変が、子ども心に大きな影響を及ぼすものだと、成長するに従って理解が出来た。

当時の社会情勢といえば、この1か月後の大雪の日に2・26事件が起きて、ただならぬ気配にゴム長をはいて外に飛び出し、雪の中を走りまわった事を覚えている。日本が無謀な戦争に突入し、軍国少年として教育され、絶対に勝つと信じこまされていた。旧制中学もまともな勉学は2年生までで、後は学徒動員とばかり、ニッサンの横浜工場などで航空機の部品作りに従事させられた。夜勤もあり、眠くて施盤《せんばん》の中に首を突っ込んだ事もあった。

家族は疎開したが、弟と二人は父の知人宅である蒲田の北糀谷《きたこうじや》に預けられ、勉学はそっちのけでお国のためにと毎日工場に通わなければならなかった。

1945(昭和20)年4月の蒲田・川崎の大空襲で、小工場の建ち並ぶ束の間の空き地にのがれたが、周囲を炎で囲まれ、まさに阿鼻叫喚の中をあちこちと逃げまどい、なんとか九死に一生を得て父方の田舎にたどりつく事が出来た。その年の8月に敗戦となり、信じられないような事情が重なって、

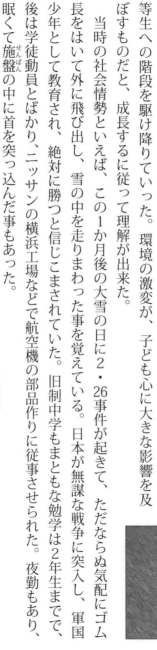

医大に行く夢もはかなく消え去ってしまった。

1951（昭和26）年福祉事務所が発足したが、人手が足りなくて募集しているからと知人に言われ、昭和28年1月東京都足立福祉事務所に臨時職員として採用され、生保ワーカーとなった。思えば母の若くしての死から医師を目指したのだったが、福祉も人を救う職業だと心の中で思うようになっていった。

その頃は新しい法律が次から次へと出来ていく時期で、ワーカーの裁量の余地と言うか、今のように事務量のみでは割りきれない日常のゆったり感もあった。忙しい事は忙しかったが、それなりにやり甲斐もあったし達成感もあって、以後30数年にわたってワーカーの道を歩み続けた。

このかたわら、研究会や自主的セミナーなどの活動に入ったのも、実践活動を通じて自分が本当に求めているものは何かを知りたかったためでもあった。ワーカーの仕事は、ただ単に生活保護のみとは限らず、老人・母子・児童・身障など幅広く担当する結果となり、単眼ではなく複眼的な視野に立たなければ本質に迫る事は出来ない、と考えざるを得なかった。

今また、時代の流れが「社会福祉」に対する考えを大きく変えようとしている。この度チャンスに恵まれて、経験のみだった「社会福祉」を理論的に学ぶ事になった。自分の集大成として掴みとるべく、心を新たにしているところである。

（博）

２００６年４月　季刊公的扶助研究第２０１号「ひといき」掲載

Ⅶ・78歳大学入学・卒業の顛末記

1．妻の死から大学入学へ

2005（平成17）年12月に妻が急に亡くなった。彼女は若い頃に手術した際に感染し、難病になって日々苦しむ生活だった。特に肝臓が悪く、「この分ではあまり長生きは出来ない」と普段から口にしていた。

そんな中でも、彼女なりに着付けの先生や茶道にも肩入れをしながらの生活を楽しんでいた。親しい友人との旅行などにも喜んで参加していた。私としては、もう少し彼女の状態を理解して、思いやりをもって接したらよかった、と後悔しているが、彼女が生き返る訳でもないので彼女の分まで生きていくしかないと考えているところである。

彼女が亡くなってからは、毎日打ち拉《ひし》がれて食事も満足に取れず、みるみる痩せていった。親しくしていた友人の森川氏や戸田氏がそうした私を見て慰めに来てくれ、「何時までも引き籠ってい

2006（平成18）年４月　田園調布学園大学入学式（78歳）

ては健康によくないから、少し外に出るべきだ」と言ってくれた。その頃彼らは、川崎市にある田園調布学園大学から非常勤の講師を頼まれていた。この二人が「大学で生徒を募集しているから、応募してみたらどうか」と言うのである。

寂しさを何とか自分自身でも解消したいとも思っていたので、いろいろ迷った末に、思い切ってその話に乗ることにした。だがそれからが大変だった。何しろ私の場合は、戦争中のために旧制中学5年生が、戦時下なので4年生になっていて、果たして大学受験の資格があるかどうか心配だった。友人たちが募集要項などを持って来てくれてから、それでも1週間ぐらいで心を決め、大学に連絡を取ってみた。確かその時には酒井教授が会ってくれることになった。夜間だったが、柏から新百合ヶ丘の大学へ面接を受けに出かけて行った。その際に、中学入学時から卒業までの状況を詳しく聞かれた。面接が終わると、後日連絡を貰えることになったので、当日はそれで帰った。

2週間ほどして連絡があり、文科省や関係機関などで調べたり聞いたりしてくれたようで、「資格は大丈夫だから」との返事だった。正直あまり期待をしていなかったので、喜びは大きかった。数日のうちに、大学から入学に対する要綱などが送られてきた。２００６（平成18）年2月18日のことだった。「いよいよ来るべきものが来た」という感じで、身の引き締まるのを覚えたものであった。その後、平成18年3月20日付で教務課から基礎学力試験の実施についての通知があった。日時は忘れたが、右記通知に基づいて、国語・英語・数学の3科目試験があって、1科目45分解答形式で選択方式だった。また、これから何日か経って感想文の提出と3人の教授との面接もあった。

さて、これらがあってから合格の通知があり、健康診断や入学納付金などを納めたり、さまざまな注意も受けたが、余りにもしなければならないことが多過ぎて、何が何だか混乱の毎日だった。急にやってきたこの忙しさによって、妻の死を考える暇さえ与えられないほどの日々を過ごすことになった。

2. 苦労した部屋探し

学校に通うには、柏からという訳にはいかない。片道でも2時間はかかるのだ。特に知り合いもないから直に当たるしかない。出来るだけ学校に近いところを、と考えた。朝から不動産屋を回り始めた。すぐに見つかるものと高をくくっていたのだが、如何にそれが厳しいことなのか段々分かってきた。借りる手続きをして、いざ書類などを書き始める。ところが、78歳という年齢が大きな壁となって次々と断られていった。キチンとお金を払うのだから、別に問題はないと思ったのだが、年齢は一番の問題点であった。

そう言えば思い出すことがあった。福祉事務所のワーカー時代の時だった。持ちケースである高齢者の立ち退きや問題点などについて、家主とのやり取りが結構あった。部屋を借りようとしている私は、まさにその時の老人の年齢であった。この現実に当面してみて、何かリアルさが身に迫って来て、一体どうすればよいのかほとほと考えてしまった。この分だと最悪柏から通うようになるか、友人に相談してみるか等々考え込んでしまった。

朝から歩き回っていて、そろそろ限界にきていた。くたくたになっていた。午後9時を回っており、小田急線の登戸駅にいた。ちょうど改札口を出た真ん前で、センチュリー21の看板が目に入ってきた。もうこれが最後の頼みとばかり、店に入って行った。

年配の女性と中年の女性とで応対してくれた。年配の女性が中年の女性に「この間空いていたあそこは、まだ空いているかしら」。中年の女性は「そうね、空いてからもう1か月になるかしら」と受け答えしている。「もしかして今度は大丈夫かな」と儚《はかな》い望みを持った。此処では年齢のことなど全然出てこないで話は進んでいく。これはもう大丈夫だろうと恐るおそる「借りられますか」と小さな声になった。年配女性の「大丈夫よ」という言葉は、大げさに言えば地獄で仏に出会った感があった。そのまま現地まで同行してくれ、年齢の「ね」の字も出なかった。独り住まいにしては少しばかり広い、3LDKである。毎月の支払いは16万円である。「高いなー」と思ったが、ここで契約をしないともう貸して呉れるところはないものと考え、これにしがみつくしかないと決断をしてすぐに契約をした。

その家は3階建てのビルで、住むところは1階である。小田急の読売ランド前駅で下車、歩いて10分ぐらいのところである。静かな佇まいで環境もよく、これからの4年間をここで過ごすことになった。やれやれであったし、この静かな佇まいは学生生活をいろいろな意味で癒してくれた居場所であった。そのせいだろう。柏の家には一度帰ったきりで、私は4年間をこの川崎市麻生区西生田で過ごしたのである。

3. 大学入学となる

まず、入学式は2006(平成18)年4月4日(火)午前10時10分からで、会場は体育館であった。当日は、友人の森川氏が来てくれた。ついでにその息子が、おじいさんの大学生の入学が物珍しいと興味津々でついてきた。入学式は案内状に沿って淡々と進められていったが、座席を特に決められていなかったので、同級生とは少し離れた場所に座った。入学式が終了した後、我が家に森川氏や他の友人たちも10数人駆けつけて来て祝ってくれた。皆で賑やかな会となって、嬉しい門出となった。

翌日から、教科書の購買や授業の時間割表、教室の確認等々体が幾つあっても足りないくらいの忙しさに明け暮れていった。大学では毎年、新入生が入るとフレッシュマンキャンプと言って1泊2日の行事が実施される。場所は静岡県御殿場市にあるＹＭＣＡ「東山荘」で行われた。これはアドバイザー、担任の教授、学生のリーダー、新入生全て含まれての参加である。少しでも相互の関係をスムーズにするための行事だろうと思われた。

就寝用の3段式ベッドがあったのだが、寝る時にはしっかりと先回りしている人がいて、出遅れた私はベッドに寝られず、空いている畳に布団を敷いて寝ることになった。何か落ち着いて寝ることが出来ずに翌日を迎えた。だからという訳ではないが、このフレッシュマンキャンプにはよい印象が残っていない。

4. アドバイザーが決まる

1年生にはアドバイザーがつくことになっていて、私の場合、太田由香里教授がついて呉れることになった。太田教授は、初め当局から「今度高齢者が入学してくるので貴方に面倒を見て貰いたい」と言われたそうだ。太田教授はそうした経験もないし、どうやればよいのか随分と悩んだという。しかし実際に私に会ってみて、それが杞憂だったと思ったそうである。それは、教授の人柄もあって（これは特別扱いをせずに、普通にすればいいかな）と考えるようになり、楽になった由。大分経ってから、太田教授からその時の心境を聞かされたことがあった。今にして思えば、教授には全くもってご迷惑をかけた。

学校でのシキタリとか決め事とか細かいことまで丁寧に教えていただいた。その時のことは、未だに昨日のことのように感じている。学校に来ると、真っ先に太田教授の部屋に入り込む。それから授業に出る。授業が終わると太田教室に寄り、それから家に帰るのが習慣となっていった。

さて私は、最初の授業が何時で何の授業だったか覚えていない。緊張の毎日だったからそれどころではなかったし、兎に角授業を少しでも覚えて忘れないようにするために、全ての神経を使っていたからだと思う。余裕がなさ過ぎたのである。だから、初めての授業の前日は、落ち着かずよく眠れなかった。眠れなかったけれど、それを理由にして遅刻することも出来なかったから、朝食も早々にして時間より早く学校に着いてしまった。教室に入っても誰も来ておらず、授業が始まるまでポツンと部屋の隅に座っていた。

5. 授業の推移

1年の授業のことから話を始めよう。中学以来の久し振りの授業である。昔の授業と今の授業との比較も心の中で思ったが、それよりも何もかもが初めてであるから、授業についていくだけで一日が終わっていた。それだけ歳をとっていたということであり、その感覚から来る差が、同級生との間に一定の線を生じてしまったのかもしれない。

また、年齢的に学ぶ方法も異なるし、環境的には同級生が孫のような存在である。どうやって彼等と同調出来るのか、心配の種は尽きなかった。それでも折角大学に入学出来たのだから、授業に専念することが第一と考えなければならない、と固く心に言い聞かせた。

高齢者は昔のことは覚えていてすぐに思い出せるが、新しいことはすぐに忘れるという習性がある。これは間違いなくやってきた。授業に出るが、勉強の内容は足元からどしどし忘れ去っていく。自分の対策としては、復習に次ぐ復習であった。それで何とか記憶を保っていくことが出来たのではないだろうか。

教室は平場が多かったが、2〜3段式の教室もあって物珍しかった。ところで、授業中の学生たちは三三五五と並んでいて、特におおよそが後ろに集まっていた。前方はがらんとして空いている。私の場合は老人だから、何となく恥ずかしさがあって、遠慮したつもりで一番後ろにいた。だが、これが大変なことになった。私語が乱れ飛んでいて、授業の内容が聞き取れないのだ。これには本当に驚いた。教授も特に注意することもなく、講義は進んでいくのである。初めのうちは我慢をしていたが、肝心の授業が耳に入って来ないから内容が分からないのだ。これにはほとほと閉口した。結局は最後的な手段から恥ずかしいとか何とか言っていられない。止む無く一番前の席に移動してみたら、授業がちゃんと耳に入って来るようになった。やっと授業が普通に受けられるようになった。

不思議と言うかその時に思ったのだが、授業をちゃんと受けないで私語に走っている人たちは、何のために授業の席にいるのだろうかということである。大学生となると、単位を取ることが大切なことになっていると知った。これはやはり後で知ったのだが、単位を1年の時から上手く取って行っていれば、4年生時には余裕を持って学生生活を送れたはずだったらしい。

しかし私はついに4年時でも精一杯の感じで過ごしていて、同級生たちの悠々たる姿を見て、また歳の差を感じたのであった。授業はちゃんと出て、内容を覚えて試験を受けて、合格点を取って落第点を取らないように、日々復習の毎日が4年生になっても続いていた。

6. パソコンとの苦闘

さて、単位を取るのに困った授業があった。1年生でのパソコンの授業である。初めてのパソコンなので、横文字や操作の問題等々その一つひとつがチンプンカンプンなのである。同級生は何ともない顔をして受けている。酷い人はマンガなんかを見ていて、教授が近づいて来るとサッと画面を切り替えて、何事もなかったような風を装っている。それが簡単に出来て、私にはとても出来ない相談である。毎週この授業のほとんどが分からずに過ごした。

このままで行くと、完全に落第点を取ることになってしまう。教授に相談したところ、「大丈夫だから」と軽く言われてしまった。その「大丈夫」は、私のレベルが余りにも低いということを分かっていないのではないかと思った。仕方なく、教授に長い長い手紙を書いて、「2年時に回してください」とお願いをした。教授はまたしても、「大丈夫だ。心配しなくてもいいよ」と言う。だが、パソコンの授業にはついていけないことが明白なので、粘って2年時の授業にして貰った。

その日は覚悟を決めて、新百合ヶ丘駅前のパソコン教室に入会をし、それからは週3回の練習に精を出しに行ったのである。覚えが遅くてたどたどしい歩みだったが、少しずつパソコンの何たるかが分かってきて、2年時には何とか及第点が取れて安心をしたものだった。パソコン以外の授業については、日々復習をして行けば落第点は取らなくても済みそうだったので、それからは気分も落ち着いて授業を受けていった。

7．思いがけない出会い

そして3年生の時のことである。人と人との出会いが、思いもかけないところで実現するものだと分かった。少し遡るが、墨田区の生活保護のワーカーでいた頃の話である。錦糸町にある窪田クリニックでワーカーだった小田さんと、よく話をしていた。かなり親しくさせて貰っていたと思う。精神障碍者のクリニックだから、利用者を通じて連絡やらに協力し合ってもいた。それがある日、小田さんがいなくなっていた。理由を聞くまでに至らないまま年月が過ぎていった。

3年時の「ワーカーの実践」の授業だったか、授業のために小田さんが教室に入ってきた。一番前に座っていた私を見て、まさかと思ったのだろうか、教室を間違えたものと思ったのか、教室から出て行ってしまった。瞬間、（あれ！どうしたのかな）と思った。しかしやはり、授業はこの教室に違いないと思い直して再度教室に入ってきた。そして私の前まで来て、「髙木さんですよね？」と念を押した。「はい、そうです」と答えた。それを確かめると小田教授は教壇に上がって授業を始め出した。表情を見ると、大変にやりにくそうだった。（こんなこともあるんだ）と、人と人との出会いの不思議さを帰りの道すがら思い出したものだった。

ついでにもう一つある。これも私がワーカーの時だった。東京都練馬区福祉事務所に島貫氏がいた。それほど話し合った訳ではないが、同じ福祉事務所だし、結構お互い同士知ってはいた。研究会でも一緒になったことがあったりして、話しかけもあったと思う。彼が福祉事務所を辞めたのは知らなかった。ところが、田園調布学園大学に入学して、そのゼミの教授が島貫氏だった。ある日紹介をされるまでは全く分からなかったのだが、お互いに顔を見て「あれ！」と言う出会いになった。これとても思いもかけない出会いと言うほかなく、それも私のゼミの教授である。お互いの奇遇に驚いたものであった。島貫氏としては、まさか私が入学しているとは思ってもみなかっただろうから。

8．同級生から見た私

大学の周りは町の中心から外れたところにあり、食事をするところがなかったので止む無くお昼は専ら学食を利用していた。その時のある日に、授業が早く終わったので学食へ行った。まだ開いてなかったので、扉の前で待っていた。少し離れて男子学生が12〜13人輪になってこちらを見ながら何か囁《ささや》きあっている。明らかに私のことを話題にしているのは見れば分かることだった。

そのうち一人が寄ってきた。「あの、幾つですか」と言う。（なんだ、そんなことか）と思ったが、別に隠すこともないので「78歳です」と答えた。何か納得をしたように皆の輪に戻って行った。皆の反応は「やっぱりか」とか「結構食っているな」とかは聞こえてこなかったが、こちらで適当にそんなところだろうと想像した。やはり年齢のことは気になってはいたのだろうか。これを機に近づいてくれるのかと期待したが、それで終わってしまった。

1年時はどうにか過ぎ、2年もまあまあ過ごしていった。少しずつ心の余裕も出来てきた。ところが3年時の1学期だったと思うのだが、大変なことをしでかしてしまった。東大の著名な教授の社会保障論（だったと思う）の試験日が全く頭の中になく、たまたま同級生が答案を提出して出て来たところに出会ったのだ。「どうだった？」と聞くと、「まあまあ書けた」と言う。本当はその試験場に私もいなければならなかったのだ。（これは大変なことになった）と背中がスーッと寒くなった。暫くして教授が出て来たので、「忘れた」とは言えないから「体調が不良で受けられませんでした」と言ってみた。教授は苦い顔をして「私の部屋に来なさい」と言う。小さくなって教授の部屋に行った。余り深いことは聞かれず、「追加履修の願いを提出しなさい」と言われた。

家に帰って、早速用紙に必要事項を書いて翌日提出した。他の学生の試験の中に混じって試験を受けることが出来た。及第点ぎりぎりで通過出来た。このことがあってからは、ますます気を引き締めなければならないと真剣に考えた。

9．海外福祉研修（オーストラリアの17日間）

勉学は進んでいった。大学に入学したからには、当然のこととして復習は必至だった。部活などは思いもよらず、授業を忘れないように、繰り返し繰り返し学ぶ事に徹していった。結局、部活には卒業するまで全くかかわれず悔しい思いをしたが、授業が順調に覚えられていけば何とか卒業は出来るから、と自分に言い聞かせるしかなかった。

さて、どういう訳か分からないが、借り家についての問題が、借りてから6か月後に発生した。家主から不動産屋を通じて「高齢者だけど支払いは大丈夫なのか、何かあったらどうするのか」と言われたのだ。不動産屋は、「支払いが滞っている訳ではないのだから、別に気にすることはないのでは」

と言ってはくれる。家賃はきちんと支払ってきている。これは、高齢者だから厳しい目で見るのか、と改めて思ったが、不動産屋と話をして6か月分をすぐに支払って様子を見ることにした。それで、卒業まで家賃を支払い続け、以後は流石に何も言われないようになって、漸く安心出来た。老人に対する社会の眼は厳しいものだ、と実感したものである。

お蔭で何とか3年時に進んでいくことが出来た。それはそうと、この3年時の終盤で、私にとっては大イベントが遣って来たのである。DCU（田園調布学園大学）は、当初から学生の研修交流会が行われている。研修先はオーストラリア・サウスウェールズ州・ウーロンゴン大学である。毎回およそ10数名遣って来たり、こちらから出かけて行ったりの交換交流会である。今回は、2008（平成20）年3月1日（土）～17日（月）の17日間である。これは単位が取れる研修だから、行かなければならない。困ったことに、今までは航空機に乗らなくても済んでいた生活だったから、悩んでしまった。日程表も配られ、申し込みも締め切り日が遣って来た。ぎりぎりで申し込みをした。

ところで、この研修の全てを書くとなると相当膨大になるので、ほんの一部しか書けないのが残念だが、取りあえず研修旅行の日程表によってその状況を知って貰うことにし、必要と思った事などを幾つか書き記してみる事とした。

オーストラリアに行く日は、緊張したしいろいろと手続きなどがあるので出来るだけ早く行くことを決めて、たっぷりと時間を取って出かけた。小田急よみうりランド駅は急行が止まらないから、各駅停車に乗った。

偶然とは面白いものである。成城学園駅から太田教授と息子さんが乗り込んできた。教授も私も吃驚して、思わず顔を見合わせてしまった。そのまま新宿まで一緒で、息子さんが私の荷物を乗り換えの所まで持って行ってくれた。別れ際に「元気でいってらっしゃい」と教授に言われ、不安でいた心が何とか休まってくれる要素となった。

出航は成田からである。生まれて初めての飛行機搭乗である。初めての外国でもある。日本との違いが随所にあることだろうし、若しかするとかえって日本の良さを発見出来るかもしれない。期待は大きく膨らんでいた。天候の関係だったのか、2時間以上遅れての出発だった。座席に座っても何となく落ち着かず、ゆっくりと座れずに中腰でいた。出航が遅れたことが不安な気持ちを変えたり、なんだかんだとやっているうちに、動きを感じた。既にかなりの高さに浮いていて、地上の景色が見えてきた。何のことはない、何時の間にか出航していたから、恐れていた恐怖も感じず、すっかり充分に航空機に慣れている自分がいた。（何だ、少しも大変なことじゃないじゃないか）となっている自分がいた。（思っていたよりも、飛行機は大丈夫なのだ。これで、今後は飛行機が少しも苦にならなくなる）と心から思えた。

落ち着いたせいか、シドニー空港に着くまでは仮眠が出来た。3月2日（日）、約3時間近く遅れてシドニー空港に着いた。遅れたためにオペラハウスは無理となり、その代わりにマイクロバスで市内を一巡した。そのバスでウーロンゴン駅まで行き、ホストファミリーと出会って、それぞれが引き取られていった。私の場合は老人だから、多分引き受け手がないだろうと勝手に解釈して、別行動となった。今思えば（遠慮はせずに、手を挙げていれば可能だったのではないか）と、自分で決めてしまってせっかくのチャンスを逃したことが残念でならないでいる。同行の山崎教授と別々のホテルに送って貰った。

翌日からの市役所訪問からスケジュールに従って、オーストラリアの研修が始まったのであった。宿泊のホテル名は「Ｉｂｉｓ（アイビス）」である。最終日の３月16日までをここで過ごした。研修の起点はウーロンゴン駅で、通訳などと一緒にそれぞれの施設やウーロンゴン大学での研修参加などの日々であった。

膨大な資料の中から一つ目ぼしいものを挙げてみるとすると、オーストラリアの配食サービス事情である。日本の場合と違うのだが、【Meals on wheels morning】という配食サービスがある。ウーロンゴン市では、高齢者用の食事を作る場所があって、多くのボランティアによって料理され、届け先の住所氏名個数などの確認をする作業、パックに詰める作業などがあり、予め配布表が印刷されているのである。

料理は冷凍ものと素手では持てないほどの熱いものの２つに分かれていた。手袋をするように言われたのは、熱いものを持つためだったのだろうか。日本でもなるべく温かいものを届けるようになってきているのだろうが、オーストラリアはこの点、徹底しているように見受けられた。作ってから急いで届けても冷めていくわけで、この熱さはそれを防ぐようで、まるで熱い鍋を手で持つような感覚を味わった。かなり年配のおばあさんの運転でわれわれ３人が乗り、計８軒を回った。このおばあさんは想像以上に高齢者のようで、大分よたよたしていた。しかし、本人自身も意識していると思われるが、それでもこのような配食サービスに従事する意気込みに感動せざるを得なかった。日本のボランティアとは一味違うものを感じた。最終的にはわれわれが集まるバスストップまで送ってくれて、すっかり恐縮してしまった。キリスト教の思想がこの女性たちの背景にあることも感ぜられた。何事も報酬を求めないひた向きさであった。一方シドニーでは大都会らしく360名のボランティアがいて、2人1組で1日10軒の宅配であった。これがおおよその現場におけるサービスであった。

また、オーストラリアに行って日本とは異なった状況について気がついた事も少し記してみたい。煙草の値段が日本の3倍はしていた。箱には「健康に注意しましょう」と大きく書かれている。裏側には心臓の手術の写真がほとんど全面に映されている。要するに、健康の害を視覚で訴えているようであった。路上の喫煙も、男女問わず多かった。煙草代が高いからだろうか、捨てられた煙草は根元まで吸われていた。驚いたのは、若い母親が左手に煙草、右手で男の子の手を引きながらしていた路上喫煙だった。

毎日パンを食べるしかなく、何かつけるものを買ってもオリーブなどが濃くて食欲がわかなかった。そこでスーパーの中にある中国料理の店の焼きそばとか炒め飯を買ったりして凌いだ。ホテルでは湯船につかれなくてシャワーのみの生活、一人の気楽さはよいのだが、言葉が通じず、パンも日本のパンと異なって美味しくなかった。これが2週間続いたわけで、疲れる日々であった。ホームステイに行かなかったためのホテル住まいである。毎日の過ごし方が段々キツくなってきたことから、何でホームステイを断ったのか、悔やんだ日々であった。それでもウーロンゴン大学での講義や各施設への見学などが続いていたから、気持ちは紛らすことが出来た。

そんなこんなで最終日の3月16日（日）に、ウーロンゴン駅からマイクロバスでシドニーまで送られた。帰国の準備と買い物のために市内を散策し、22時5分発のカンタス航空で空路成田へ、翌日到着した。これでオーストラリア研修旅行が終了したのであった。次に、まとめとして簡単ながら記しておきたい。

まとめ

海外研修は、自国と他国との比較によって文化の違いを知り、そのことによっていろいろな国があり様々な考えがあることも知った。それは、狭い日本での考えからグローバルな世界を知ることにもなった。国の違い、言語の違い、習慣の違い、その全てが異なるものであっても、それをありのまま受け入れることで数多の事情が分かってくる。ホームステイは出来なかったが、市内を歩き回って日本との違いを所々で発見たりして、興味深い経験が出来た。これでよかったかどうかは何とも言えないが、心の底ではホームステイが出来なかったことは、後々までも悔いを残した。

どこの店に行っても、出されるものが日本でのものより考えられないくらいの多い量であった。寿司屋があったが、日本人ではなくて韓国人の経営だった。翌日その店に入った同級生に話を聞いたら、「おえー」という味だったそうだ。入らなくてよかったと思った。

生まれて初めて海外に行ってみて、自分自身の中で変化した部分も含めて、これから深めながら、そして出来るだけ自分のものとして纏められれば研修に行った価値が分かってくるというものである。これを機に、貴重な体験として大切にしていきたいと考えている。

次頁にはオーストラリア研修旅行の表を掲げておく。

田園調布学園大学

2008年オーストラリア海外福祉研修予定日程表

	月日	曜	都市名	時刻	予定	食事		
						朝	昼	夜
1	3/01	土	成田	夜	成田発、直行便にてシドニー空港へ 〈機内泊〉	ー	ー	機
2	3/02	日	シドニー ｳｰﾛﾝｺﾞﾝ	午前	着後、専用バスにて空港からシドニー市内へ。 オペラハウス、ハーバーブリッジなどを見学。 その後ホストファミリーと対面。 〈ホームステイ〉	機	ー	○
3	3/03	月	ｳｰﾛﾝｺﾞﾝ	午前 午後	ウーロンゴン市内見学（ｼｮｯﾋﾟﾝｸﾞﾓｰﾙ、 旅行者ｲﾝﾌｫﾒｰｼｮﾝｾﾝﾀｰ） ウーロンゴン市役所訪問・市長と対面。地域 文化担当者と懇談。市長とモーニングティー シティーモールで昼食 バスにてウーロンゴン見学 〈ホームステイ〉	○	ー	○
4	3/04	火	ｳｰﾛﾝｺﾞﾝ	午前 午後	ウーロンゴン大学集合 「オーストラリアの社会政策 オーストラリアの児童福祉」について 大学ツアー 〈ホームステイ〉	○	ー	○
5	3/05	水	ｳｰﾛﾝｺﾞﾝ	午前 午後	パラメドウ　スクールを訪問――知的 障害の子どもたちのための学校の講義 ウーロンゴン病院とソーシャルワーク局問題 ソーシャルワーカーとの懇談 〈ホームステイ〉	○	ー	○
6	3/06	木	ｳｰﾛﾝｺﾞﾝ	午前 午後	ウーロンゴン大学集合 「オーストラリアの社会政策 オーストラリアの障害者福祉」について TAFEにて福祉を学ぶ学生との交流 〈ホームステイ〉	○	ー	○
7	3/07	金	ｳｰﾛﾝｺﾞﾝ	午前 午後	知的障害者施設グルーンエーカース訪問 食事サービス・ミールズ　オン　ウィー ルズに参加 〈ホームステイ〉	○	ー	○

	月日	曜	都市名	時刻	予定	食事		
						朝	昼	侑
8	3/08	土	ｳｰﾛﾝｺﾞﾝ	終日	列車にてシドニーへ 1日ツアー（ハーバークルーズ、水族館など） 〈ホームステイ〉	○	○	○
9	3/09	日	ｳｰﾛﾝｺﾞﾝ	終日	ホストファミリーと過ごします 〈ホームステイ〉	○	○	○
10	3/10	月	ｳｰﾛﾝｺﾞﾝ	午前 午後	ポートケンブラ病院訪問　ソーシャルワーカーとの懇談 グループホーム及び高齢者施設訪問 〈ホームステイ〉	○	―	○
11	3/11	火	ｳｰﾛﾝｺﾞﾝ	午前 午後	ウーロンゴン大学集合 「オーストラリアの社会政策 オーストラリアの高齢者福祉」について 知的障害者施設グルーンエーカース訪問 〈ホームステイ〉	○	―	○
12	3/12	水	ｳｰﾛﾝｺﾞﾝ		日程は後日 〈ホームステイ〉	○	―	○
13	3/13	木	ｳｰﾛﾝｺﾞﾝ	午前 午後	ウーロンゴン大学集合 「オーストラリアの社会政策 オーストラリアの原住民問題」について 養護施設　シェファードセンター訪問 〈ホームステイ〉	○	―	○
14	3/14	金	ｳｰﾛﾝｺﾞﾝ	午前 午後	三つの介護施設を有する退職者ビレッジ訪問 フェアウェルパーティー／修了書授与 〈ホームステイ〉	○	―	○
15	3/15	土	ｳｰﾛﾝｺﾞﾝ	終日	ブルーマウンテン見学 〈ホームステイ〉	○	○	○
16	3/16	日	ｳｰﾛﾝｺﾞﾝ ｼﾄﾞﾆｰ発	午前 夜	空港へ向け出発 シドニー発、空路直行便にて空路成田へ 〈機内泊〉	○	―	機
17	3/17	月	成田	午前	成田空港到着後、解散	機	―	―

10. 板橋区福祉事務所での実習始まる

3年時の海外研修が終わってから、5か月後の2008（平成20）年8月18日（月）～同月26日まで板橋福祉事務所へと、また同年8月27日（水）～9月15日までは足立区にある地域包括支援センター鹿浜及び特別養護老人ホームさくらへ実習に行くことが出来た。

私が福祉事務所に勤務していた折にも、毎年何か所かの大学から実習生が来ていて、結構面倒を見たものである。実習生と言ってもいろいろいて、ボーっとしている人、熱心に聞いてくる人などさまざまだったが、次の世代の福祉の関係者を増やすことは大切だと思って、仕事の合間を見て随分と付き合った。時には飲み会に連れて行ったこともあった。係長などは面倒くさがって消極的だったが、「次の世代をきちんと育てなければ駄目だ」と説きながら、発破をかけて出来るだけ受け入れたものだ。それで当時、この実習生に関わっていてふと、「自分がその立場になったらどんなことを考えるだろうか」と思ったことがあった。「反対の立場に立ったとしたら、どんな感慨を持つものなのだろうか」と出来ない相談に浸ったこともあった。

ところが大学に入学出来たとなれば、当然のこととして実習がある。考えても叶わない実習が、目の前に来たのである。嬉しいと言うよりも、心の中で「やったー！」と叫んでしまった覚えがある。担任の島貫教授に「ぜひ福祉事務所の実習に行きたい」と相談をしたが、「あなたのことは知られ過ぎているから何処も受け入れてくれないでしょう」と言われてしまった。こんな機会はもう二度と来

ない訳だからここで踏ん張るしかないと考えて、再度言ってみたが、不調に終わった。

そこで、教授を無視して友人の森川氏や戸田氏に話してみた。森川氏は老人ホームの施設長だし、戸田氏は板橋福祉事務所にいたからその線で当たってみたのだ。二人は動いてくれて、福祉事務所は板橋が受け入れてくれることになり、施設は森川氏の足立区の老人ホームに決まった。島貫教授は、決まったことに関しては特にコメントしなかった。これで実習生に対して抱いていたことが現実的になり、思わぬ喜びに浸れることになった。大学3年生での実習は、何と言っても福祉事務所に行きたかったから、夢がかなって喜びの日々だった。家から通えばよいのだが、それほど近くもないし遅刻はいかにもみっともないので、板橋福祉事務所のすぐ近くのホテルを拠点とした。

まず板橋の実習から記述していこうと思う。板橋には、各種実習生受け入れの事業実施要綱があって、ひとまずこれを受けた。その事前オリエンテーションは、板橋福祉事務所の組織及び状況、また障がい者支援における障がい者認定係と介護保険、自立支援のアイテムなどについてだった。これによると、〈板橋福祉事務所は保護率は高いが、最近の状況は微増傾向にある。地域の立地条件から、路上生活者が他所より多く集まってくる。高齢者層の増加が進んでいて、動きの少ない都営住宅では高齢化が顕著である。児童相談所の窓口は他に移っているものの、児相・福祉事務所・子ども家庭センターの三者での連携が重要になってきている。障がい者支援については、制度や施策が重要性を増している中で単なる支援のみに限らずサービスが提供されているものの、《社会福祉とは何か》の基本が問われている。自立支援プログラムについては、経済的な自立から日常生活に視点が移されて、システム化が考えられてきている。〉ということが分かった。障がい者認定係での、身障者のうち65

歳以上が62％に上がっているという事実が特に印象に残った。

それから実習が始まったのだが、20年余り前の福祉事務所との比較が出来て、大変興味深いものがあった。当区では、ワーカーの持ちケースは組合との間で基準値が決められている。一人87ケースを超えた時点で4月の推定値を基にして1名を配置している。しかし、それに伴って査察指導員を増加するかどうか、という問題も生じている。また、他課から異動してきた人で馴染まないまま長期欠席になっている人たちも出てきていて、福祉事務所が以前にも増して望まれない職場になってきている実情が分かったような気がした。当区も事務職のために専門性を身につけて貰うべく、研究やケース診断会議、研修が定期的に行われていて、新任ワーカーにとっては唯一の拠り所となっている。社会との隔たりを持っている母子への対応については、ケースワーク論を根拠として関わっている。現時点では就労に結びつかなくても、技能取得しておくことによって将来的には、という長いスパンでの視点が得られている。

生活保護の申請書に携帯電話の記入欄があり、これには驚いたのだが、まさに今の時代の象徴なのかと感心をしてしまった。申請に当たって、現場に123号通知が浸透しているのであろう。申請の意思を示した場合、不動産・預金通帳・ライフライン領収書などの提出が求められ、全てコピーして戻されるが、これが既にごく当たり前のこととして行われていて、何の疑問もないまま過ぎてしまっていた。こうしたやり取りの中から、申請する意思があっても受理する側の考え方によっては申請に結びつかなくなってしまうことが出てきそうで、申請時の微妙な変化で相手に不利益を蒙《こうむ》ることにならなければよいが、と考えた。

相談室での相談記録を読んでいた際に、メールの相談があることを発見した。それは別冊になっていたので見せて貰ったが、それが日を追うにしたがって増加している感じで、今時の福祉事務所の新たな一面を見た思いだった。だが、これについては来所しなくても申請の意思は伝わるものの、本人の確認も出来ないし、世帯の実態が分からないなどのマイナス面があるから援助もしにくい。この方法に対しての対策がどういう形で解決されているのか気になった。

最後になるが、近隣迷惑が起きているそうだ。それは街中で孤独な老人が、路上生活者の下に酒などを持ってやって来て、一緒に酒盛りをしてしまうことだという。孤独な者同士が互いに慰め合う事なのかもしれないが、何か所でも行われており、近所から苦情が出るようになったのだ。路上生活者が後片付けをし、老人たちはそれを見て、それぞれの家に帰って行く。これを禁止してしまうと、老人たちは何も出来なくなってしまう。この事態を防ぐために、こうした場所に月1回は見回りをして苦情にも応え、老人たちの孤独を防ぐことにも貢献するように努力しているという。これに対する予算はないから、ワーカーが業務の合間に自発的に見回ることにしている。老人と路上生活者との取り合わせが妙に現実的で、当区の高齢者の増加から起きた、他にはない面白い現象だと思った。

また、私を受け入れてくれることに積極的に働いてくれた係長の根本氏や佐藤千衣さんなどの知り合いがいたことは、楽な気持ちが持てて、和めた日々だった。新規面接も受付も家庭訪問も、全て参加し福祉事務所の一員として行動した。私がベテランのワーカーだったことも知られていて、かえってアドバイスを受けたと感謝されたり、励まされもしたり、毎日が喜んだり真剣に考えたりで充実した日々が遅れた。これほど気持ちの良い実習生活を送れた人は他にはいないと思う。毎日のお昼には、

2人くらいが一緒に食べてくれる。5時で退庁になると、板橋の職員が10数人くらいで近所の行きつけの居酒屋に誘ってくれた。この飲み会が、板橋へ行っていた間1日も欠かさず続いた。こうした経験をした実習生は、未だ嘗ていなかったのではないかと、板橋の職員の私に対する温かい接し方に、思い出すと今でもつい微笑んでしまうのである。実習生はその現場で働いている職員たちと少しでも早く馴染んで、同じ方向に向かって進まなければならない。現場の職員から学ぶ事は何か。日々その仕事に従事している彼等の思いや仕事の方法などを客観的な目で見つめ、尚且つそれを自らの実習の中にどう生かしながら取り入れていくかということである。もしも職員の仕事内容やその姿勢に疑問を持った場合にはどうするか、悩むところである。批判的に発言すべきか、疑問を残して持ち帰るかだったが、それほどひどい場面には出会わなかったことは幸運であった。私は、他の実習生と比して初めから条件が異なっていた。私のウッカリした発言は、職員の中にマイナスな作用を起こしかねないからだ。その点には充分に神経を使っていたから、疲れは結構残ってしまった。

　他にもまだまだ記述しなければならないことがあるが、とても簡単には済まない量があるので残念だが諦めるしかない。板橋での実習は、職員との深いつながりが持てたようだし、お互いに良い影響を与え合ったと思えたし、いろいろな意味で多くの体験が出来た。今後の私に多くの影響が出て来ると楽しみにしているのである。

11. さくら・鹿浜での実習（足立区）

2008（平成20）年8月27日（水）から「特別養護老人ホームさくら」

を手始めとして「さくらデイ」「地域包括支援センター鹿浜」などの実習を体験した。

ちょうど8月23日（土）が「さくら」の納涼祭だったので23日から参加し、この日は写真撮影、準備や後片付けにも携わった。この納涼祭は、〈日常ほとんど交流のない地域の人々を招待することで、老人ホームの存在を知って貰う〉〈職員も地域の人と交流することで視点が広がる〉などさまざまな利点がある。とかく施設は地域の中で厄介なものとして見られているが、社会の中でその必要性を広めようとしなかった施設の運営方針にも問題があったかもしれないのだ。時代が変化していく中で、施設の様相も現実化していくということだろうか。

順を追っていくことにしよう。

8月27日は飛騨野所長からオリエンテーションを受けた。その日は30名近い利用者が特養の喫茶にいて、〈健康お喋りサロン〉が開かれた。内容は、携帯電話による詐欺予防である。誰でも少しは経験しているから、盛り上がった。この〈お喋りサロン〉はいろいろな問題に応じて開催されているようで、今時の老人はさまざまな事を知っていて、話は尽きず途中でストップをかけなければ延々と続いてしまうという。

8月28日（木）には「手押し車」の申請について、事情を聴取するため職員について訪問した。業者の職員が「頑張って要支援1まで行くように努力しようよ」と言っていたが、こうした励ましも本人のやる気を促すことに一役買っていると思った。利用者の、出来るだけ外に出て買い物など自分自身で動きたいという意志はかなりのもののようだった。

8月29日（金）は、地域包括支援センターの問題点や課題などについて説明を受けた。

9月1日（月）は、業務内容と活動内容について法人理事と飛騨野所長から講義を受けた。

9月2日（火）は、利用者のチェックや読み込みなどをしながら利用者の背景を考えてみた。

9月3日（水）は、〈お喋りサロン〉に参加した。歯の衛生の催し、先週の「介護よもやま話」が好評だったとの報告がなされた。

9月4日（木）は、利用者の体温や血圧を測定したり、カレンダーの制作を手伝ったり、配膳の手伝いもした。

9月5日（金）は、利用者との将棋に付き合った。地域で行われている婦人部コーラスの会で活動している合唱を体験した。思っていたよりも綺麗にハモっていた。

9月8日（月）は、検温後消毒、お茶出し、おしぼり出しなどをした。午後はウクレレの慰問があり、フラダンスもあった。

9月9日（火）は、刺し子・ぬり絵・パズルなどの個人活動をし、午後は利用者によるカラオケ大会と90歳のお祝い会をした。

9月11日（木）は、検温は相変わらずで、利用者のお迎え、お茶出し、おしぼり出しなどをした。入所に関する手続きなどに関わった。午後はボランティアによる津軽三味線と民謡の慰問があった。

9月12日（金）は、申し送りや将棋の依頼、担当者会議への参加、声が出ないFさんへの声掛けの方法の模索をした。

9月14日（月）は、「さくら」の利用者の敬老会、家族懇談会に同席した。

9月15日（火）は、利用者のお迎え、午後に行われるゲーム用の用品の準備をした。

以上から、実習をしてみて考えたことや分かったことなどの概略を記述していくことにする。

地域包括支援センターの1週間については、この器にたがわぬ業務内容がぎっしりと詰め込まれていたために、消化不良を起こしてしまわないかと思えた。私は、本来こうした業務は行政が直轄実施すべきと考える。現に練馬区や柏市など直轄で実施している所もあるので、行政の積極性を望まなければならないと思った。地域と人がどう結びつくかを考える上で、午後の7時~9時までだったが〈お喋りサロン〉に参加してみた。地域で行われている趣味の会を通して、高齢者がそこから生き甲斐を見出し、元気を貰っている姿が、言ってみれば介護予防の道をたどっていることになるのではないかと思った。この貴重な経験は、現代の医療の行方を考えさせる一齣《ひとこま》になった。

ある日特養の女性の耳の治療に看護師と同行することになった。病室には入れて貰えないと思ったが、私が高齢者だったから親戚と思われたのだろうか、病室に入り一部始終を見ることが出来た。ここで驚いたことに、医師は手元の拡大鏡を頼りにして管を入れたり耳垢を吸引したり、薬剤の注入やガーゼ2回の拭き取りなどを行っていたのだが、初めから終わりまで女性に対する発言が必要ないかのように、終始無言だったのだ。人間について何を考えているのか大いに疑問を持った。

この施設は友人が施設長なので、過去に手伝ったこともある。顔見知りの職員も何人かいて、実習生で来た私に対して友好な感じで接してくれた。酷暑の中だったが、高齢者が風呂に入りたがらないのを女性職員がうまく声掛けしながら風呂場に導いていく姿が頼もしかった。施設長から「扱いを普通に」と言われていたのか、年配者であるにもかかわらず、私を年寄り扱いせずに職員同等に扱って貰えて、好感が持てた。しかし新人の女性から認知症の老人と間違えられて、「おじいちゃん、そっちへ行っては駄目よ」と言われて苦笑してしまった。この職員は後で気がついたようで、それからは私には近づいて来なかった。

施設長が友人であったために、通常の実習よりもいろいろな場面に出られるように手配をしてくれて、中身の濃い実習が出来たと持っている。この実習で気になったことと言うか、職員の熱心さに感動した出来事があった。ある日の午後の担当者会議に出席をした。Aさん（女性）の掴まり立ちや自立で食事が出来るようになるための働きかけなどについて話し合われた。このAさんは声が出ないために、まず声掛けをする、そしてその反応を見ていく。その繰り返しによって意思表示を引き出すような努力が継続して行われている。家族も出来るだけ面会を心掛けてくれていた。さまざまな面で協力的である。長男が来たある日に、Aさんが口唇で意思を伝えてくれたという。長男は「これまでにないことだ」とコメントを寄せてくれた。これは、職員の日常的な、しかも粘り強い働きかけが漸くにして実ったということであり、感動的な出来事として私の印象に残った。

特養さくら、デイさくら、包括支援センター鹿浜での実習は、施設長や課長も知っていたし、彼等の配慮で思わぬ実習が出来てよかった。普段は施設とは無縁の生活をしていたわけだが、大学に入り実習によって別の施設の顔や動きを改めて知ることが出来て、やはり人間は幾つになっても学びの精神を失わないように生きていかなければならないものと深く考えたのであった。

自分にとって実習なんて夢の話だったが、こうして経験をしてみると見方が変わる。角度を違えて物事を見るようになるとか、物事を当たり前に見てはいけない、それがどういう風に動いているのか、さまざまな視点が必要だとのヒントも得られた。今後の生き方に役立てたいと思ったものである。

12．4年生での卒業論文

やっとと言うか、ついにと言うか4年生までたどり着いた。2009（平成21）年度の卒業生になる資格が得られそうである。…と言ってもそれは、最後に控えている卒業論文を完成してからの話である。この頃には担任の島貫教授は大妻大学に移り、宮崎教授が担任となっていた。したがって4年時は宮崎教授から卒論の書き方や内容を指導されていた。

最初の提出日は平成21年5月25日だった。論文の題目については、特に指定はなかったので自分で選んだ。なぜに選んだかは、嘗て1948（昭和23）年5月頃から千葉県民生委員連盟に書記として勤務していた頃に遡る。昭和25年に、新生活保護法が全面的に改正された。それまで民生委員は生活困窮者への補助機関として存在していたが、これに伴って協力機関としての機能に後退した。一時は民生委員制度が廃止されるのではないか、との懸念から、全国的な規模で大きな問題として発展したこともあった。それでも民生委員制度は廃止とはならずに、独特な制度として今に至るまで存在している。民生委員による、我が国の生活困窮者への長年にわたる活動やその行動について、少なからず興味を持っていたので、卒論に選んだのである。

卒論の題目は、「民生委員（方面委員）が補助機関から協力機関へと移行し、それに伴って意識の変化及び矜持等について歴史的な背景を踏まえた一考察」とした。自分なりの卒論を書いて第1回の提出日である平成21年5月25日（月）13時ぎりぎりに提出をした。これについては担当教官から、「こ

れは論文ではありません。エッセイです」と言われてしまった。やはり余程出来が悪く、論文の何たるかについて、もう少し考えて持って来るように、と教授は思ったのかもしれない。とにかく生まれて初めての大学での論文である。「きちんとした論文を書きなさい」ということも教えてくれたのかもしれない。

しかし、苦労して書いたものがエッセイだと言われて、傲慢と言ってもよいほどの気持ちが心の中で湧き、不満げな顔になっていただろう。暫くは書いたものを見ないようにして、そのまま放り出していた。それが長く続く訳がない。卒論を書いて提出して通らなければならないからだ。思い直してエッセイをいろいろと探して読んでみた。論文と言われるものも探して、それも読んでみた。初めはその違いも分からなかった。まず友人に聞いてみた。親しい友人の森川氏にも書き方の相談をしてみた。このほかそれなりの努力もした。そんなことや自分で調べてみたりしながら、再度論文を書き出した。

出来上がった論文は、最初に提出したものとは内容的にも論文としての体裁が大分違っていた。そこで、平成21年10月19日（月）15時が提出期限だったので、暫く近づかなかった宮崎教授の元に行き、提出してみた。今度はエッセイとは言われなくて、受け取って貰えた。曲がりなりにもどうにか通ったようだった。

この後論文の発表会があって、これについては「よかった」と宮崎教授が褒めてくれた。私はエッセイのことがあったので頷かなかったところ、「本当によかった」と手紙に書いて寄越してくれた。やっと安心感が生まれた。エッセイ事件を、私が長い間引きずっていたからであった。

以上のような経緯から、卒論がなんとか通り単位も取れた訳で、本当にこれでホッとした。卒論の内容を全部載せるべきことは分かっていたが、相当な分量なので諦めた。したがって、次に発表会で使用したこの論文の概略を掲載することにした。

卒業論文の概略 「民生委員と福祉事務所と……」

福祉事務所は、言うまでもなく社会福祉法第14条1項に規定されている「福祉に関する事務所」をいい、福祉六法（生活保護法、児童福祉法、母子及び寡婦福祉法、老人福祉法、身体障害者福祉法及び知的障害者福祉法に定める援護、育成又は更生の措置に関する事務を司っている。したがって、生活困難な家庭を訪問して経済的な援助とともに、自立促進のための援助、常に世帯の抱えている問題を真摯に聞きその人々の手助けになって、そこから、信頼関係を醸成していくことにある。

最近特にケースの増加は、全国的に著しいものがあり、定期的な訪問が不可能となってきているばかりではなく、その分来所を促して処理をするという場も多くなって来ている。

このような状態が通常化してしまうと、もうそこには福祉事務所の重要な機能としての相談機能は失われてしまっている。一方、民生委員の職務として考えられていることは、「援助を必要とするものの生活に関する相談に応じ、助言とその他の援助」が大まかな仕事として考えられている。また、「住民の生活状態を把握しておく」などとなっていて、福祉事務所のワーカーの職務内容とダブっている部分が多くこの点についても、民生委員の不満を買う条件となっていると考えられる。裏を返せば、社会福祉主事は、地域の事をよく知っている民生委員に情報の提供を求め、意見を十分に聞くべきなのに、現実は少しもそうなっていない為に、連携が十分ではなくなっている。

だから、家庭訪問をしてその人の生活する場に赴いて行くことで、問題を発見でき、その人の抱えている悩みなどをどう解決していくかと言う意識も薄れて行っている。

プライバシーの問題などと関連して、個別のニーズも把握し難くなっている。

一方で、今や福祉事務所は各種統計資料の作成や、日常業務の中でも、収入申告、無収入申告、給与証明書等の徴収に依ってのものなど、益々その量は膨大になって来ているのである。下手をすると多くのワーカーは、事務量の中に埋没してしまっている状況ともなっている。地域に出て訪問や調査が出来なくなればその世帯の内容も、事情も把握できなくなる。

今の社会は経済状況も社会の複雑さも職業の不安定さも様々に同時に発生していて、生活のしづらさは、愈々《いよいよ》増加の一途を辿って行くであろうことは、大方の予測は付く。福祉事務所は、地域の問題を把握し、生活に困窮している人々の良き相談相手にもなれるかなれないかの瀬戸際に来ているのではないだろうか。

こうした状況があって、今まで述べてきたことと、民生委員はどのような存在として位置づけられているのであろうか。

考えてみれば、民生委員は地域で生活している。ある人は職業を持ちながら、ある人は働かなくても生活できている人もいる。一方福祉事務所の職員は殆んど地域に住んでいる人はごく僅かであって勤務先は生活の場と異なっているために、担当地域でことが起きたときには、身近での問題として遭遇することはない。

勤務終了と翌日の勤務開始までに何か事があった場合でも、そこには馳せつけることはできないのである。したがって直ちに問題解決を図ることはできない訳で、それでよいのかが問われている所でもある。

民生委員は、身近にいるから、地域に住んでいるから対応が可能である。このまま社会が進んでいくならば、ケースの増加は留まることが出来ないのが通常である。自分の持ちケースに何かあったとしても物理的に無理である。と言うことは、例えば土曜の夕方にでも問題が発生した場合には、月曜日の朝出勤までには手が出せないのである。

民生委員の場合はどうであろうか。地域に住んでいて身近にいるから対応が可能である。今までも行政の退庁後の問題は、これで良いこととして済まされていたわけではなく如何《どう》すれば良いかとの方向性が、考えられたとしてもそれには行政の組織的改変がなければ出来ない相談である。

更に言えば、福祉事務所のケースは現代の社会情勢が影響をして一人100ケースを超えて尚も増加する様相である。このままの状況が進んでいけば福祉事務所でも何らかの手を打たなければ職員自体が潰れてしまう可能性もある。そうなった場合に誰がその代わりをするかとなれば、地域に詳しい民生委員を利用しない手はないのである。

また、それは唯でさえ職務が過剰な民生委員の領分として「任せてしまえ」と割り切れるものであろうか。もしも、閉庁後も職員が仕事に拘束されるとすれば、その健康も侵されるであろうし休養も碌に取れずに休みなく続くと言う事であって、それも現実性を欠くものとなって行くことであろう。しかし、ケースは生きているのであって、いつ何時予測なしに事は起こるかも知れないのである。その都度地域にいる民生委員が、受け持たざるを得ないと言うことを真っ当なこととして考えられるものであろうか。ましてや行政は土日連休であって、土日発生したものは月曜まで持ち越されるのである。その間緊急性があれば取り敢えず病院等に入院、入所となるのだが、福祉事務所のワーカーはその時点では拘われないのである。

こうした空隙《くうげき》が毎週続くとすれば、行政がしなければならない分を他の誰かがそれを担うしかないのである。では誰が担うかとなれば民生委員以外考えられないのではないか。

こう考えてくると、必ずしも民生委員に全てを託すことにも限界があるしそれは無理と言うものである。それでも彼等のエネルギーを何とか啓発し社会的な活動に繋げられていくことは可能性がないではない。

この問題は指摘されては来たがシステムとして出来ぬ相談であるしそれでも曲がりなりには切り抜けては来たのではなかったか。社会情勢としては今までの悠長な方法では耐えられない問題を含んでいるケースが増え続けている。

例えば派遣切り、若者のニート化、失業等々経済的な低調なままの日本の状況は進んでいて、なかなか打開の道が探れないでいる。

行政の責任として限界性はあるものの、このままではいずれ地域の問題を具体的に解決できないままとなってしまい、そのうち信頼を失うことになりかねないのである。行政の組織がこのままの状況で推進していくことに無理が出てきているのである。

それでは地域に住んでいる民生委員に全面的に任せられるかと言うとこれもまた問題点はある。民間の名誉職に重要な案件を任すことはそう簡単にはいかないのである。法の改正をしなければならないし、急に切り替わることは容易な問題ではない。しかし、もう福祉事務所には相談機関としての体制が出来難《にく》くなっていることを真剣に考えなければならなくなって来ているのではないだろうか。

民生委員をこの際補助機関に戻し現状の打開を図るべきではあるまいか。法的な問題もあるが、新しい分野から検討することも重要な方法として存在しているのではないか。

それにしても、民生委員は余りにも職務が多すぎることである。彼等が分担しているものをその項目を真面目に遣って行くとしたら体がいくつあっても足りないほどだ。

だから職務をグンと減らすか職務をもっとコンパクトに纏めて軽減を図って見たらどうだろうか。これによって社会福祉の重要な担い手として戦列に加えていくべきではないだろうか。

近年民生委員のなり手がいなくて困っているという話をよく耳にする。それは余りにも分担部分が多すぎるのが原因の一部ではないか。

これは民間人から民生委員へと依頼する場合の動機を見てみると「断り切れなかった」というのが52・6％もいるのである。しかも、同じ調査によると就任以前に「民生委員の名称も内容もしらなかった」という人が8割にも及んでいるのは選定にも問題はあるが、それでも引き受けて民生委員になるとしたら、職務の熱心さは起こらなくてもやむを得ないだろう。今後抜本的な方法を作って行かなければ自然消滅もありうるかも知れない。

もっと民生委員の必要性を考え、自治体においてその職務の必要性をアッピールするべく積極的に動いて行って貰うべきである。民生委員は戦前困窮者の担い手として活動してきた。敗戦後の占領軍の否定からも生き残ってきている。世界の中で稀に見る組織として存在していることは、その必要性が市民権を得ていることである。

もしも、福祉事務所と民生委員との関係が深く連携する必要性があるとすれば、民生委員の動きに対して福祉事務所からの働きかけが大切である。互いに情報を持ちあった上で十分な協議を重ねる必要性があるだろう。地域における民生委員が持っている情報資源を大いに活用すべきである。

社会も民生委員も過去のしがらみとしての報酬を求めないことが恰《あたか》も美徳であるかのような考え方、それが民生委員精神であるとの枠から出て行く努力をすべきではなかろうか。

時代は変化してきていて、現代はもはや有償ボランティアが幅を利かすようになって来ている。社会情勢は益々複雑になって行き、地域住民のための相談機能がこれからは益々身近な問題として膨らんで行く状態が遣って来ている。民生委員は地域の問題については詳しい事情を熟知しているしそれを十分に活用すべきである。

民生委員に一定程度の有償を可能化し、経済的な部分も保証することで働き易い下地を作る。有償となれば少しは心が動く人も出てくるはずである。加えて公募もしてみる。公募に応じて来る人たちは、積極的の人であろうし、やる気もある人達だろうからあとは確《しっか》りと研修を施し、訓練を怠らないようにして行き上質な自治体の中のワーカーとして育てていくべきであろう。

最近は団塊の世代の身の処し方及び定年後の身の振り方が社会的な問題となっているが、これを民生委員に切り替えればきっと地域の良き相談役として生まれ変わるのではないだろうか。

これからの時代は、民生委員の活躍が、依り一層求められていくことだろうし、各自治体から民生委員のなり手がいないことを深刻に報告されている昨今であってみれば、猶更である。法の改正などを含めてこれからの社会福祉の改革の目玉として民生委員問題を考えて貰いたいものである。

参考文献

1. 民生委員制度39年史・同40年史・同70年史　全国民生委員・児童委員協議会発行　民生委員協議会

2. 「生活保護法の解釈」　法制事務次官　内藤誠夫　第4章第2節　p32～33
昭和27年4月25日　財団法人日本社会事業協会発行
社会福祉事業法　昭和26年法第45号による改正
平成12年6月7日法第111号改正

3. 「戦前日本社会事業調査資料集成　第3巻」　社会福祉調査研究会編　p528～529
資料一）旧誤報実施請願ノ表

4. 「委嘱手続きの簡素化を」　都政新報平成21年8月26日号　2面

5. 「制度創設90周年を迎えた民生委員・児童委員の機能を問う――期待と実態のはざまで――」
金井　敏　社会福祉研究第101号

6. 「社会福祉実践史の総合的分析」 研究代表者 宇都栄子
7. 民生委員制度50周年記念誌「優しさ、暖かさ、支えあい」 川崎市民生委員・児童委員協議会編
8. 民生委員制度30周年記念誌「千葉県における民生事業の歩み」 千葉県方面委員・千葉県社会福祉協議会編集発行
9. 地域ニュース 第4号 佐賀県太良町
10. 「現代行政と官僚制（下）」 渓内 謙・阿利莫二・井出嘉憲・西尾 勝編
11. 「菊と刀」 ルース・ベネディクト
12. 「戦後社会福祉基礎構造改革の原点」 田中 壽
占領期対日福祉政策と軍政図 p 42～43
13. 同上 方面委員・民生委員制度批判 p 115～127
14. 和歌山軍政部案 p 127
15. 「生活保護50年の軌跡」 p 54～56 ――敗戦直後からの生活保護の周辺 髙木博光

13. 大学を卒業して

私にとって4年間の大学生活は、長かったと言えば長かったし、過ぎ去ってしまえばあっという間である。学んだこともあり、学ばなければならないという自分自身に対する課題でもあり、年齢からくる物覚えの悪さが日々の授業に表れていた。授業が終わってから家に帰ってくると、もう既に授業の内容

は何処かへ行ってしまっている。この状況を解決するためには、只管復習に次ぐ復習であった。

思いもかけない機会が訪れて大学入学となり果たして卒業出来るのか、毎日頭の中はそのことで一杯だった。…と言ってもやはり大学に入学出来たことは、素直によかったと思っている。そして大変な思いをしながら、落第もせず4年で卒業が出来たのである。

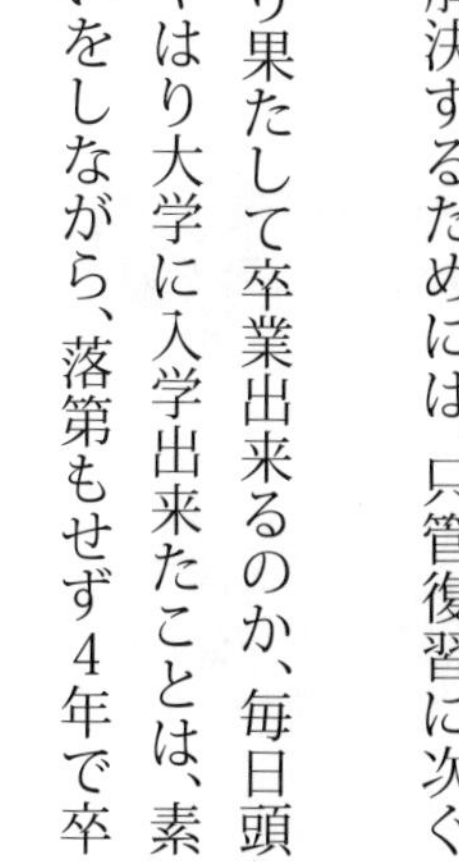

入学をして大学で学んでみて気づいたことは、自分自身が余りにも知らないことが多すぎるということである。だが如何せん高齢故に、記憶がどしどしと薄れていくのである。これは致し方ないのかもしれないが、本当に困ったものであった。

だが、決してそのことで諦めはしなかった。諦める前に授業が目の前にあったからである。学ぶことは、若年でも高齢でもその人を現在に留めておくことであろうし、生きている証として本人自身に自覚を促してくれると思うからである。まだまだ生きている限り学び、覚えようと努力をし、知ることに敏感になり、もっともっと感性を磨いていかなければならないと思っている。卒業をして視野が開けた。これは大学に入学出来たから味わえたことである。しんどかった授業にも耐えられた。孫のような同級生とは余り交友は出来なかったが、結構なんだかんだと付き合ってくれた人も少しはいた。

毎年11月に行われているDCU際には、社会人卒業者有志で5年前から出店をしている。皆で語らって、山谷の「Ｂａｃｈ（バッハ）」のコーヒーを買って喫茶を開いている。不便な場所にあるのでなかなか来て貰えなかったが、ここ2～3年前から美味しいコーヒーが口コミで知られるようになり、結構売

れるようになってきた。

また、お気に入りの教授が次々と他校へ移っていっているので大変寂しい限りだが、これも一つの流れと考えていかねばなるまい。

いずれにしても、漸くにして思ってもみなかった大学入学に合格し、落第もせず4年間で卒業が出来たことは、懸命に努力した結果であると思う。この気持ちをこれからも生きていく糧として大切にしていきたいと考えている。

簡単であるが、これを以て78歳大学入学、そして卒業の顛末記としたい。

2023年6月　記

2010（平成22）年３月　田園調布学園大学卒業式（82歳）　荒木先生と

Ⅷ・公的扶助研究誌など②

2007（平成18）年～現在

母子寮の子どもたちとの邂逅《かいこう》

人と人との出会いは、そもそも別れが始まっている事であり、いつ何時《なんどき》、どこで、どのような人と、偶然か必然かが織りなして、出会いや訣別が否応なくつくり出されていく。

妻の死によって、久しく絶えていた寮母の長女との連絡がつき、ある日、北千住で会い昼食を共にした。以後、何回か会ううち、当時の子どもたちの消息を聞くようになった。長女もその事を何人かに連絡するうち、会いたいと言っている事がわかってきた。長女が走り回った結果、会いたいという人が出てきて、I市で会う事になった。当日、都合がつかない人もいたりして4人が来る事になり、その日が待ち遠しかった。この話の出だしは53年前に遡る。

1952（昭和27）年、千葉県社会福祉協議会婦人児童部に属していて、県内の児童福祉施設を駆けずり回っていた頃である。当時25歳の若さであった。

I市の母子寮に関係していた際に、寮母は夫を亡くして、韓国から一男二女を連れて引き揚げ、かなり苦労したようだ。もともと看護婦だった事もあって寮母の口がかかってきた訳であった。

この寮母と何故か気が合い、土、日はよく遊びに行った。母子寮は言うまでもなく、父親がいない世帯の集団である。だから若い青年の訪れは大歓迎をされたのであった。行くたびに、勉強を見たり、遊んだり、しゃべったりして、家に帰るとワイシャツが薄汚れてしまっていた。

そうこうするうちに、私は、昭和28年1月に東京都足立福祉事務所に臨時職員のワーカーとして勤務するようになってしまった。給料というには、余りにも少額で生活は困難を極めたから、彼等との交流は不可能となり、いつしか縁遠くなってしまった。

そして、今日の日を迎えたのであった。

席に着く間も惜しいほど、彼等のその後の生活が気がかりだった表れとして、ひとりひとりに最近の生活を聞いてしまっていた。自分の心の中では、相当気がかりだったせいもあったからである。しかし、話すうち、次第に、長い年月が、遠い過去の事ではなく最近の出来事のように思えてきた。

懇談は尽きる事なく続いていった。皆、それぞれが通常の生活をしていて、私の心配をよそにたくましく生きている事実を目の当たりにして、心が和んだ。

多分、私には言えない苦労をしてきたであろうが、目の前の彼等はまったく屈託がない。アフターケアが出来なかっただけに、これからの彼等との交流を深めて、とことんつき合っていこうと思いながら、帰宅の途についたのだった。

（博）

２００７年４月　季刊公的扶助研究第２０５号「ひといき」掲載

靖国神社の点描から

毎年8月15日、靖国神社へ行く事が習いとなっているが、お参りに行く訳ではない。

ここに行けば日本人の戦争責任の曖昧性が少しは掴めると思っての事である。

靖国神社に行く事でそれがはっきりするかという自信はないが、どういう人たちがやってくるのか、また来た人たちがどういう事をするのか等々この目で確かめられればという思いがある。

8月15日というとマスコミも含めて殆どが「終戦」という言い方をしているが、この日は日本が敗戦を決めた日である。にもかかわらず「終戦」と言うのは、言い訳がましく聞こえてくるから、私は「終戦」とは言わずに「敗戦」と言い返して密かな抵抗をしている。

ところでこの2、3年は晴天が続いているので、カメラを持って出かけ神社内の人物や行なわれている行事などにレンズを向けている。何時までこうして撮っていけるかわからないが、とにかくこのまま撮っていけば、靖国神社の歴史的な流れが追えるし、そこから自分なりに疑問点が絞れると考えているからである。

今年、行ってみて感じたのは、当然の事ながら家族と思しき老人の姿が少ない事だ。石碑の傍に佇む老人、備え付けの縁台に腰掛けて沈思している老人は、人込みに目立たない存在であった。

これに比して戦争に全く関係ない人たちが楽しげに、そして観光気分でか、続々と詰め掛けていて、昨年より此の手の人たちの多い事に気づき驚いた。中年の男性が日の丸の旗を振り、別の人がハモニカで軍歌を奏でる中、20代の若者たちがそれにあわせて左右に揺れ拍子をとっている。軍歌の歌詞の何たるかや、自分たちの知らない歌が物珍しく、その背景にあるものとは無関係に楽しんでいるのを見ていたら、この現象をどう解釈したらよいのか不可解だった。

また、30代と思える女性が従軍看護婦のスタイルで、若いカップルが親子と交換してカメラに収まったりしている。一見平和的な装いを持っているが、戦死した人たちを偲ぶ姿では勿論ないし、こんな形を見ていると、平和にどっぷりと浸かっている日本の象徴を見せ付けられたようでなんともやりきれない思いがしてならなかった。

こうした状況が何の疑問も持たれないままに過ぎてゆく事はやはり何かが間違っているとしか思えないのは私の単なる思い過ごしであろうか？

現在の「平和な社会」、それを否定するつもりはないのだが、今のこの世界が来るまでの歴史的経過を思い起こしてもらえれば、こんなにお祭り騒ぎのような状況は自然に消えてゆくものではないかと思うのだが、きっと今現実にカメラを通してみているように、延々と続いていきそうである。しかし、ここでへこたれてはいけない。来年もここに来てこの現実を見つめてカメラに収めて行こうと考えているところである。

（博）

２００８年１月　季刊公的扶助研究第２０８号「ひといき」掲載

浦島太郎の実習（その１）——２００８年夏

何せ80歳の高齢である。よい意味で一目惚れ、別の意味では「こんな老いぼれ大丈夫かな」と二つに分かれた。福祉事務所を離れてから、20年有余になるが、当時は明日の福祉を担う実習生に対し、できるだけ受け入れるように上司に働きかけたし、成果が上がるように随分努力した。

彼等が、実習ノートを書き終わるのを見届けて、同僚も誘い飲み会に引っ張り出した。職場で実習生が悩んだりしているのを眺めた時、尚更本音を聴くために飲み会は格好の場所だった。教えられる事も多くあり、こちらが虚心坦懐《きょしんたんかい》でいれば思わぬ本音も聴けた。だが、飲んだ席で貴重な意見だと思っても、飲みすぎて翌日ころっと忘れてしまう事もあり、あまり大きな事は言えない。

さて大学も3年ともなれば、今年のくそ暑い最中に4週間の実習という長めの経験をする事になった。学校にもいろいろと事情があったようで、自ら探す事になり、幸いにも友人が動いてくれて、前半はＩ福祉事務所に行く事が出来た。このために自宅から遠いので、ホテル住まいを余儀なくされた。Ｉ福祉事務所では昔なじみが何人か係長になっていて多少の無理がきけたのは幸いだった。面接なども経験したが、反対に「学ばせてもらう」と言われ戸惑う場面もあった。

20年以上前に福祉事務所という時計が止まっているから、どのような変わりようか胸の中はワクワクであった。面接で申請書を処理する時、携帯電話の番号を記載していた。これは人による訳である

から、すべてとはいかないまでも相手の事情に合わせて考えるとすれば、今の時代当然なのだろうが、思わず「へーっ」とうなってしまった。

　相談記録も読ませてもらって気づいたのは、メールの相談が結構な簿冊《ぼさつ》になっていた。それなりの回答はなされていた。これも時代の流れだろうが、メールではどのような人物か、何処に住んでいるか、など不明な点が多い。だからこそメールにしているのかもしれない。しかし、これでは急を要する場合には間に合わないのではないかと思えた。今の時代は確かにメールの問い合わせなど、ますます増えていく事であろうから、その場の答え方について必要に応じた対策として、様々な工夫を凝らすべきだと思った。

　家庭訪問も承諾を得て3件行く事が出来た。感じたのは、かつての貧困というより、認められていなかった「テレビ・クーラー・冷蔵庫・電話など」が普通に備えてあった。文化的たたずまいがそこにはあった。この区は旧都営住宅に単身老人が多く、近隣の公園などにいる路上生活者は酒などを持って来て酒盛りを始めてしまう。区民から苦情が寄せられる事で、老人が引きこもりになると困るので、福祉事務所の職員が今のところ月1回見回りをしている。

　通常なら老人は、この人たちを一番嫌うはずだが、寂しさを互いに紛らしているというこの光景は新たな姿として極めて現代的である。

　以上が、太郎の実習の一部である。（博）

２００８年10月　季刊公的扶助研究第２１２号「ひといき」掲載

浦島太郎の実習（その２）――特養、包括支援センターで

福祉事務所の実習から、酷暑の中特養に移り、デイケアではお年寄りに頼まれて、将棋を指す日もあり、入浴を拒否する女性を入れ替わり立ち替わり声がけしながら、うまく風呂場に導いていく光景も見た。ここでは年配者である私を年寄り扱いにはせず、職員と同等に接してもらえたので好感が持てた。

しかし、新人の女性職員から認知症とまちがわれて、「おじいちゃん、そっちへ行ってはだめよ」と言われて思わず苦笑してしまった。彼女は後でそれに気づき二度と私には近づいてこなかった。このほか「手押し車の申請」で家庭訪問調査に同行出来た事、特養内のおしゃべりサロンでの賑やかで元気な女性たちとの語らい。ウォーキングはかなりの道程だったが頑張って歩いてしまった。時間を見つけては資料も読ませてもらった。実習中に納涼があり、撮影を頼まれたりもした。総じて思わぬ量の実習で、ほぼ満足出来たと思っている。

包括センターでは、職員の補充がされないまま、噂にたがわず業務内容がぎっしり詰め込まれていて、いずれ消化不良を起こさないかとの心配をしてしまった。ここで、地域で行われている趣味の会を通じて高齢者の過ごし方をかいま見た。婦人のコーラス会だった。誘われて出席した。女性の２部合唱で、声の若々しさは、年齢を忘れさせてくれた。いきいきとした姿を目の当たりにして、

これからの地域における高齢者の過ごし方を見る思いであった。

さて、特養の課長がすべて手配してくれたが、彼は元福祉事務所の職員で同じ区にいた事もあって、通常の実習よりもいろいろな場面に出られるように配慮してくれて大変ありがたかった。

こうした実習の中で、私にとっては、まさに実習らしかった出来事についてお知らせしたい。

その日は午前10時にAさん（女性）の耳鼻科受診に、看護師と同行する事が出来たのである。Aさんは車椅子で診察室に入った。後でわかった事だが、私が年輩だったから、まさか実習生とは思われず、施設長か家族とまちがえられてスムーズに診察室に入れたようである。多分若い実習生だったらこうはならなかっただろう。

4人の看護師がAさんをベッドに移したり、耳の診療を受けやすいように体位を変える。担当は女医だったが、左側には、器具を渡す看護師、右側には主任的な看護師が治療が終わるまで若い看護師や全体の進行状態に目を配っていた。スタッフとしては充分すぎると思えた。

医師は、手元にあるモニターを見ながら治療を進めていく。耳の中へ薬液を2回注入、次いで吸引が始まり、ガーゼで拭き取る。私は中空にあるテレビによって治療の一部始終を見る事が出来た。そこで吃驚したのだが、この医師は初めから終わりまでひとこともしゃべらず、患者を安心させるための声がけもなかったのである。

このクリニックは最新の機材をそろえ、外観も診療所内も極めて快適な仕様である。近辺では流行る事で評判のクリニックで、待合室も相当の混雑ぶりである。生き残っていくためにはこうする事が今風なのだろう。

これは古くて新しい問題なのかもしれないが、機器の取り扱いが先行してしまって、患者の人間的な働きかけが後追いとなってしまっている。現代の医療の問題を如実に示している実態に深く考えてしまったものであった。

（2008年夏——博）

2010年2月　季刊公的扶助研究第216号「ひといき」掲載

日本は本当に豊かになったか？――生活保護法60年に寄せて

東京都生活保護福祉研究会※顧問　高木博光
（※旧東京都福祉事務所現業員協議会の改称）

新生活保護法制定後40年になろうとする頃、私の長い公的扶助の現場生活36年が終了した。その間、日雇い労働者の街といわれた台東区山谷での面接相談員としての出向や重度障害児との明け暮れもあったが、心の底には絶えず公的扶助をベースとした考え方が支配していた。

その頃、父の入院による生活苦から、既に別世帯となった娘さんが老人医療証の交付の相談に来た事があった。前年の所得から交付が受けれられず、福祉事務所に回されて来たのだったが、生活保護の利用を勧めても素直に聞こうとはしなかった。長い沈黙と急にあふれた涙の後で語られた事は、20年も前の事であった。「保護を受けているのにぜいたくしている」との投書や、当時中学生1年生でその意味もわからなかった彼女にまで中傷が及んで、「何でそこまでされなければならないのか」とショックを受けた両親は翌月から保護を辞退したのだった。

他に方途《ほうと》がなく再び生活保護を利用するよう説得したが、「母は決して保護は受けないでしょう」と娘さんは去っていった。家族の受けた傷痕が20年の長い年月を経ても癒されていないのを目のあたりにして私は言葉を失い、心は重く

沈むばかりだった。生活保護に限らず「福祉」に対する一般の目は必ずしも温かいものばかりではない。その後もそうした中傷の絶えなかった事などから、決して日本が豊かな社会になったとは言えないのではないかと思ったのだった。

その後どうなっているだろうかと気になる日々を過ごしてから、さらに20年が過ぎようとしている。東京では自治法改正で１９６５（昭和40）年に福祉事務所が都から区へ移管となった。昭和45年頃のある区での福祉事務所職員の意識調査を見ると、経験は1〜3年未満が60％だが、５年以上も27％いた。希望しての配属は44％と半数を割り、現在の仕事を続けたいが43％と、他の職場に移りたいの34％を少し上回り、保護基準については、大体妥当27％、少し低い38％、まったく低い23％で、「むしろ高い」はゼロであった。

近年、いくつかの都県で生活保護ワーカーのアンケート調査が行われているが、特に基準に対する考え方の違いは大きい。異動はもっと激しくなり、希望しないのに配属されている。1〜2年やって、よいワーカーになるなぁと思っていてもある日居なくなってしまう。職場で勉強会が出来ないという雰囲気もあると思う。根づく人がいないと現場の力が失われ、何のために仕事するのか疑問が出てこなくなる。

また、頻繁な人事異動などから、経験がない人も出来るようにと、多くの自治体で仕事のマニュアル化が進められた。マニュアル化は何をもたらしたか。新人はそれを当たり前として教えられるから疑問さえもてない。あれかこれかで考えるから専門性や任用資格は宙に浮く。

60年も経過しているのに、貧困に対する現場の職員の目はこれでは豊かになるはずが無い。自分を大事にされたいのなら人も大事にする事である。社会福祉従事者はそれに専門性が裏付けられてこそ、より貧困を直視出来るのではないだろうか。

私が民生事務所から新生して間もない足立福祉事務所に入職したのは、昭和28年1月の雪まじりの寒い日だった。

２００９年11月　季刊公的扶助研究第２１５号「巻頭言」掲載

物言わぬシルバーシート

バスや電車内のシルバーシートを若者が占領して、時には狸寝入りもしたりしている。こうした光景は日常茶飯事として見受けられる。「長距離通勤だから座って帰りたい」と言う側面もあるだろう。

それぞれ理由があって様々な思惑が働いているから、あながち若者に対して一方的に責める事も酷である。

近頃の社会は相当程度自分勝手な場面が見受けられる。また、他者とできるだけ深く関わりたくないという現象が、しばしば起こっている事も多い。

更には、最近頻《しき》りと、人を大事にしようとか相手の事をよく考えてとか、うるさいくらいに言われているのもこうした事の裏づけあっての事だ。けれども声高に言う前にもっと基本的な部分を正し、幼児のうちから積極的に人と人との結びつきの大切さをしっかりと教えておくべきである。口先だけではなく、生きている人を現実的な題材として体験的に教え、身に沁み込ませ、何度も繰り返し実感させる事である。

個人を大事にするという教育が長い間続いてきたが、それは自分勝手な振る舞い、自分さえ良ければそれで良しとする傾向に陥ってしまったのではないだろうか。教育はややもすると、人を変えてしまう恐ろしさを持っているが、人として何が大切で、何をしなければならないかを具体的に教えてこ

なかった。家庭にも老人がいなくなり、昔からの仕来たりや、長い間積み上げられてきた人間の知恵のようなものも失われていっている。こうした中にあって、少子化が進み、親は子どもをどう躾けて良いか分からなくなっている。だからこそ、一人の人間を大切な人として捉える事が出来ずに、自分勝手な方向へと向かってしまうのだ。

ところで、今までに若者がシルバーシートに座っている事を誰か咎めた人がいただろうか。皆、内心は「席を譲ればよいのに」と思っているが、口を閉ざしているのが現実である。そんな事をあれこれ一人嘆いていたところ、友人に誘われて、台湾に4泊5日の旅行をした事があった。観光の目的だったから、あちこちに出掛けるために主に地下鉄を利用した。

そんなある日、車内に入った途端4~5人の男女がサーッと立って席を勧めてくれたのである。日本の事情と余りにも違いすぎるために、暫《しば》しあっけに取られてしまった。遠慮なく座らせて貰ったのは勿論だが、瞬間どの席に座るか、戸惑ってしまった位である。

後で朧《おぼろ》げに分かった事だが、台湾は儒教が多くを支配している国である。また日本が植民地として長期間統治したので、「いわば古い日本の影響を受けているからなのだろうか」と、勝手に解釈した。

この貴重な体験から、どうしたら物言わぬシルバーシートの代弁者になれるか考えてみた。今も、車内でのアナウンスは、繰り返し「老人などに対して席を譲れ」と言っているのだが、一向に実施されていないのだ。

そこで先ず、車掌が可能な限り車内を回って、シルバーシートが有効に使用されているか確かめる事。二つ目には、席を目立つ色にし、窓ガラスもその色と同じ色に統一する。三つ目には席に座った時に、その場所で座る条件を音声で流し、自覚を促せば、直接だから効き目も確かだろう。

こうした事を繰りかえし行えば、シルバーシートの利用者の目的に叶っていくかもしれない。要は設置したにもかかわらず、何時までも目的から外れているのなら、日本の道徳観の欠如と割り切って、早々に廃止してしまうべきであろう。

（博）

2011年11月　季刊公的扶助研究第223号「ひといき」掲載

生活保護利用者の秘密は守らなければならない

東京生活保護福祉研究会（旧「都現協」）顧問　高木博光

タレントの河本準一さんの母親が生活保護を利用している事が判明してしまった。

マスコミで騒がれ、某参議院議員はその事について追求する気配を示している。

確か、生活保護を利用する時には、息子の不安定な収入というところから調査もし、扶養義務についても説明はあり、生活に困窮している事が認められたからこそ保護が利用出来る事になった。

因みにタレントといわれている職業は俗に水商売と言われていて、定期的な収入は望めない。けれども5000万円という収入が得られるようになってもまだ、そのまま保護は継続されていた。

聞くところによると母親と息子の関係は疎遠ではなく和やかなものであったと言われている。

とすると、その時点で保護を辞退すべきであったのかもしれないが、しかしそれは強制されるものではない。扶養は優先されるとなってはいるが、保護要件ではないからである。

現実には河本さんは、福祉事務所と話し合って、仕送りはしていたのである。

だが、マスコミ誌などの報道が何種類かにも及んだ為に、思いもかけない出来事として母親の生活保護利用があまねく社会に知れ渡ってしまった。

ここで気になっているのは、これら報道されているものの中身は、扶養義務について集中的に触れられてはいるが、母親のプライバシーの問題は脇に置かれてしまっている事だ。こと、生活保護の利用についてはその人の秘密であり、厳に守られていなくてはならなかった筈である。だが、これほどまでに知れ渡ってしまっては、もはや引き返しのしようがない。しかし、これでよいのだろうか。

まさか福祉事務所が知らせたという事は考えられないが、ここまで来るまでになんとか守りようがなかったのだろうか。

この事から、現に扶養義務者がいる人たちは、いつか自分の保護利用が世間に知られてしまうかもしれないし、「どうしよう」と恐怖におびえている事だろう。また、現に生活に困窮していて、保護を利用したい人たちがいた場合に、このたびの報道のように、保護が利用出来たとしてもいずれ社会に知られてしまうのであれば、と考えて、申請をためらってしまうかもしれないだろう。

今回のようにこれだけ報道が過熱されればされるほど、守られねばならない秘密があからさまになってしまったのだが、国は今後扶養義務調査についてより厳しい対応を現場に要求していく事だろう。それと相まって生活保護の利用がますます難しくなっていく。それはまた、水際作戦によって、保護申請を容易に受理しない福祉事務所が増えていく事に繋がっていってしまいかねないのである。

河本さんの出来事は、こと扶養の問題にとどまらず、秘密事項さえ守る事が出来なかった事を真摯に反省するべきである。

人の知る権利や報道の自由は充分に保障されなければならない事は勿論だが、かと言ってこれ以上この問題が続けられていく事は、声を上げられない人々が陰でどれほど泣いているかを考える時に、できるだけ早く打ち切って、肝腎な生活保護利用世帯が何故に増加しているのかという根本の問題に国はしっかりと、目を向けていくべきである。

社会的に大きな問題となっている事だけに、一般人に対して、誤った観念を植え付けるような現在の過熱ぶりは1日も早く終止符を打つべきである。

（たかぎ　ひろみつ）

２０１２年８月　季刊公的扶助研究第２２６号「特集」掲載

命の恩人であった山里の父のこと

一言で表現するとすればの話ですが、厳父という感じより畏怖という言葉が当てはまると思います。その山里の父との出会いは、僕（高木）が1948（昭和23）年の夏に九十九里教会の牧師館に血だらけになって飛び込んだ時から始まります。ルイお母さんがすぐに家の中に入れてくれて、手当をしている間も山里の父は殆どと言ってよいほど黙していたと思います。その眼は、ルイお母さんの僕に対する処置を静かに見守っていてくれていました。たぶん、たぶんですが、ルイお母さんの指示やテキパキとした行動が、僕を安心して任せられるから口出しをしなかったのだと思います。

そして僕が不思議だったのは、山里の父が特に僕の父親に連絡もせずにいてくれたことです。怪我にはそれだけの事情があるからで、状況をよく見てみようと思ってくれたのだと思います。長男の愈美《まさる》君、次男の牧夫君、長女の統子《のりこ》さん、次女の宣子《のぶこ》さんたちにはどう説明しようか、どの程度預かろうかということも意識の中にあったでしょう。しかし、しばらくは様子を見ようということで、とりあえずその場はルイお母さんに任せたのだと思います。

山里家は台湾から引き揚げてきて、戦後の混乱の中で大変な思いをしながらの生活を送っていました。そこへ突然、縁もゆかりもない若者が血まみれで飛び込んできた訳ですから、驚かない方が不思議です。山里の父は、「高木君にも我が家の食糧事情に慣れてもらわなければならないし、家族とも

一緒に仲良くやってもらえればそれでいいか」と考えてくれたのだと思います。山里の父のことを書くためには、当時の僕の状況も視野に入れながら書くのが山里観を浮き出させることにつながると思いますので、こういう表現を使うことになりました。

僕がどこへも行かずに居座ったのも、山里の父の無言の肯定というか、むしろ僕としては、山里の父が、僕を息子のような形でいさせようとしてくれていると感じられたという節があります。そして、僕が山里の息子、娘の中で一番年齢が上だったことも幸いしたのであろうかとも考えます。また、戦後の社会の中で山里の父個人の牧師としての人助けの気持ちからか、神から与えられた試練の意味もあったのか、今思うと様々な推測が出来ます。自分の子どもたちとうまくいってくれればよいと思ってくれていたとも思います。僕も山里家に溶け込もうと努力していきました。

その後は日曜学校の先生に任命され、この時にキリスト教にどこまで馴染むかを試されてたような気がします。どのくらい経った頃でしょうか、山里の父は僕もいつまでも遊んではいられないということを考えてくれていて、まず千葉県民生委員連盟のアルバイト的な仕事をさせてもらいました。当時神田にあった救世軍の本部内（?）に仮の場所として構えていた（?）全国民生委員連盟から、民生委員手帳を千葉県の連盟に運ぶという簡単な仕事でした。これは、いずれ千葉県民生委員連盟に雇ってくれる事前の措置だったようです。記憶の限りでは昭和24年だったと思われますが、半年経過して予算の状況が可能になったのか、書記として雇われることになりました。書記の仕事は事務的なこともさることながら、市町村の民生委員会に連れていかれてそこで様々な人間関係を覚えさせてくれたことも僕のためになりました。

1951（昭和26）年4月になって、民生委員連盟、厚生事業協会、同胞援護会が合同して千葉県社会福祉協議会が発足しました。僕はこの中の婦人児童部の書記として配属されました。山里の父は事業部長になり、業務は別れてしまいました。けれども、市町村での子ども会や社会福祉協議会が出来たばかりだったので、その普及のために随分と出かけたものでした。子ども会では、山里の父とコンビで、僕が前座で幻灯機を持って5～6本映写しながら物語ります。そのあとに山里の父が童話を1時間ばかり話しました。童話は好評で、最後の盛り上がりの「このいっぽんむしが！」と言う場面では拍手が鳴りやみませんでした。いずれ僕も覚えてみたいと、その都度思ったものです。この時期も、人と人とのつながりの大切さを、貴重な経験として学ばせられました。

こうして仕事も少しばかり慣れてきて、周囲を見回す余力が出てきた頃、東京の板橋福祉事務所でワーカーをやっていた友人の秋場氏が、こちらに来ないかと誘ってきました。社協の仕事が嫌ではなかったのですが、ワーカーの仕事に魅力を感じていたところだったので、山里の父に恐る恐る相談をしてみました。たぶん相当叱られるだろうと覚悟はしていました。でも、思いがけない言葉が返ってきました。

「若いんだから、君が真剣に考えたのなら賛成するよ」と言われ、ほっとしたと同時にあまり期待されていなかったのではないかとも考えました。

早速東京に行って手続きを済ませ、昭和28年1月からワーカーとなりました。ワーカーをするうちに田本せつと知り合って、結婚をすることになりました。昭和32年10月、山里の父に司式を依頼して、神田美土代町《みとしろちょう》のＹＭＣＡのチャペルで結婚式を挙げました。これ以後は、なぜか山里の父との交流がない、と言うよりも転居を何度も繰り返したので、消失してしまったのかもしれません。この空白期間は、宣子さんが知っているかもしれませんが……。

それにしても、僕が山里家の人たちからどのように見られていたのかはなかなか知り得ないものがありました。だから、なんとかして知りたいとは思っていました。それが少しだけ分かったのは、昭和48年の山里の父からのハガキからでした。文面は、「転居（百合丘から東久留米市に家を買って移った）でいろいろと大変だろうと一同で噂をしていました。髙木方式でやっぱり落ち着いているねと家内と笑いました。愛児（僕のこと）の姿が浮かんできて、『いいよいいよ、しょうがないよ、いいよいいよ……』です」となっていました。

これが山里家からの僕への見方の一部で「ほー、そういうふうに見てくれていたのか」と、山里家の髙木観を知りました。自分のことを改めて知り、恥ずかしいというか、そんな自分だったのかと再認識させられました。その中の「髙木方式」というのが気になりました。それは、たぶん僕の口癖か態度からきたものらしいです（勿論僕自身はそのことについては気がついていませんでしたが）。

昭和51年6月に、ルイお母さんが急に亡くなりました。まさかのことで驚きましたが、確かお葬式には駆けつけたと思います。そして同年7月に、山里の父から弔意のお礼とルイお母さんの写真が送られてきました。この写真は、今でも大切に持っています。これ以後は、年賀状によって状況交換するようになりました。昭和59年の年賀状では、山里の父は9月に腎盂炎で入院し、ご自身でも限界を感じていたようでした。翌年、社団法人千葉県社会福祉事業共助会常務理事を退任されました。1985（昭和60）年5月には脳梗塞の発作で静岡の中伊豆温泉病院に入院されています。その後はリハビリに努められて、少しずつ回復に向かっておられました。１９９０（平成２）年には療養生活が5年目とのことで、病状にも慣れてきたとおっしゃっていました。

平成4年の年賀状は、統子さんからになっていました。この年に山里の父が亡くなっていたからです。平成5年8月、千葉栄光教会で記念会があると、牧夫君から案内状が来ました。その後は統子さんと宣子さん両名との年賀状のやり取りが始まりました。平成14年には統子さんが亡くなりました。平成23年には宣子さんと九十九里教会での集会に行くことが出来ました。参加者は変化していましたが、懐かしくて会堂の周りをぐるっと回ってみたりしました。

以上、山里の父のことに加えてその家族にも少し触れながら記述してきました。最初の文面に戻りますが、山里の父は厳父ではなく畏怖としての山里の父でした。家を捨てて行くところがなかった僕のギリギリの生活は、山里家によって暖かく迎えられました。さらに職の斡旋を皮切りに、人生を支えてくださった山里の父には感謝の言葉もありません。福祉の道に入って定年退職まで勤められたことも、山里家との家族ぐるみの生活があったからこそだと思っています。

宣子さんが山里の父母への想いを出版するにあたって、拙いものを書かせていただいたことに対して恐縮しながら、筆をおかせていただきます。

２０１５（平成27）年11月8日　　小雨の中、山里の父を偲びながら　　髙木博光記す

どうと言う話でもありませんが…

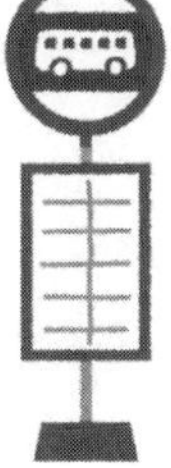

始発バス停での話です。

このバス停は駅前にあって、多くのバスが乗り入れをしているバスターミナルにあります。

バスが停車する場所から少し離れて、バス停に沿うようにして階段があります。すでに待ち人は8人くらいいたと思います。9人目には20歳代の若者が、2段目を空けて3段目に立っていました。

そこへ、70歳は遥かに超えていると思われるおばあさんがやってきました。

どこでもそうだと思いますが、ここでも整列をする事が暗黙の了解となっています。彼女が順番待ちをするとすれば、9人目の若者の後ろに立たなければなりません。どうも見たところ体調が良くなさそうでしたし、老齢であるという事からも階段をのぼる事がしんどくなってしまっているようでした。

おばあさんはしきりと若者に声をかけて「階段をのぼるのがきつい」という事を言っているようでした。若者はその訴えを聞いているはずなのですが、周囲を見回していて、聞く耳を持っていないかのように黙っていました。

やむなくおばあさんは、階段をのぼらないで若者が立っている3段目の横に並ぶしかありませんでした。若者は、まったくと言ってよいほどに反応を示しませんでした。2段目が空いていたのですから、若者がちょっと気を利かせて「前にどうぞ」と言わないまでも、彼が2段目に降りてくれれば、おばあさんは3段目まで階段をのぼらずに済んだのです。けれども、若者は動かずにそのままでした。

しばらくしてバスが来ました。するとこのおばあさんは、若者に先に行かせるようなしぐさをしました。こういう事はお年寄りがよくする事ですが、若者は何の感情も見せずにバスに乗り込んでいきました。

いまさらながらこの若者の心理分析をしてみても始まりませんが、自分を振り返ってみますと、電車の中でもバスの中でもシルバーシートにわがもの顔で座っている若者たちに注意をする事が出来ない自分がいますし、注意をする大人も殆どいないという事に気がつきます。おそらく、注意などすればにらまれたり怒鳴られたりするのではないかと慮《おもんぱか》るからでしょう。

ですから、時々明らかに妊娠している女性が席を譲られる場面に遭遇しますと、他人事とは言えホッとします。

ついでに言ってみれば、日本独特の風習と言いますか、いまだによくわからない事の一つに大人（特に高齢者）が子どもを連れて乗ってきた時の事があります。ご本人が座らずに、必ずと言ってよいほど子どもの方を座らせています。こうした事は、子どものバランス感覚を養う機会を減らしてしまう、よくない習慣だと私などは思うのですが…。

これらの事は、私が最近週3日勤務するようになって、通勤の途次で気づかされている事柄の数々です。

（博）

２０１６年４月　季刊公的扶助研究第２４１号「ひといき」掲載

若者の心と選挙と…

東京生活保護福祉研究会顧問　髙木博光

新聞報道によると20歳未満の選挙権行使に関して、その大部分が現在の与党に投票していたという。その事に衝撃を受けたのは私ばかりではないだろう。その理由の中に、若者が今の政治の現状や経済状況に満足をしている事がある。現在の流れが変わってほしくないと考えているようなのだ。これに加えて、今の20代の生活満足度が、40代、50代に限らず70代以上よりも上回っているという事は何を物語っているのであろうか。

「本当に心からそう思っているのであろうか?」とても信じられないのだが、データとして数字が出ているところを見ると信じるしかあるまい。通常若者と言えば、世の中の矛盾に抵抗し、大人に対して反抗するのが当たり前だったはずだ（と、私は思っている）。かつての60年安保、70年安保の学生運動のエネルギーは一体何処へ行ってしまったのかと考え込んでしまう。ここで「今の若者を知らない人」と言われれば全く反論の余地がない。今の若者の置かれている社会的な状況をよく考えると「今の若者は」という批判を簡単には下してはいけないと思えてくる。

一方、社会に安心感が持てるかというと、ＮＯと言うしかない。現代

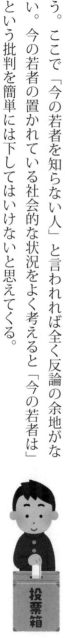

社会が、将来的にどの程度の成長が望めるかも極めて不安定だし、年金も少子高齢化現象の中では見込みの立たない形勢である。さらに、高度成長期には誰でもなれた正社員が、今では殆ど不可能になり、バブルがはじけ、リーマンショックなどによってますます生活はしづらくなっている。一方、現状を変えるような未来像を描いてくれるのではと政治に期待をしても、どうもそうではないらしい。だから若者は、この現状を打破してくれる政党がさしづめ見当たらない事から、現状を維持すると言う保守に投票せざるを得なかったのかもしれない。

これを裏書するかのように中央大学の山田昌弘教授は、2016年7月の選挙時は18・19歳が40%、20代が43%、50代が35%自民党へ投票していると言っているし、これに無党派層を加えると中々興味深い数字が見えてくる。そして若者の就労が極めて恵まれていない状況は、親に依存する若者が多数を占めているという事実も見逃す事は出来ない。しかし、その親自身も今は以前のように年功序列式に働ける場が確保されないので、下手をすると親子ともども潰れかねない。これでは若者が夢を持って雄々しく生きて行こうとする意欲を持てる訳がない。

さてさて、だからと言ってこうした状況を嘆いてばかりもいられない。せめてもの救いは、最近の九州、東京、沖縄、京都と続いている公的扶助研究全国セミナーで、若者の参加が際立っている事である。これらの若者たちを決して手放す事なく、全国公的扶助研究会の一員として立派に育てていく責任を感じているところである。

（たかぎ　ひろみつ）

２０１７年1月　季刊公的扶助研究第２４４号「巻頭言」掲載

考える葦が消えていく

今の時代、何処へ行っても何処にいても、スマホに夢中な人の輪の中に、好むと好まざるとにかかわらず囲まれてしまう。そうした中で、私はガラケーから一歩も出ていない遅れ者である。とは言っても超高齢者である私にとっては、時代についていけない者としてこの辺が手頃なのかもしれない。

さて、これほど便利で使い勝手の良さが売り物のスマホだから、瞬く間に世界中に普及してしまったのも当然の事であろう。何かわからない事があったとしても、居ながらにして問題を解決してくれる優れモノなのである。

そこで思い出した事がある。昔の話をして恐縮だが、ある恋人同士が駅で待ち合わせをした。けれども、待ち合わせ場所を間違えたばっかりにそれが永遠の別れとなった事は、文学作品ならずとも聞き覚えのある方もおられるだろう。現代は、スマホさえあれば必ず確実に探し出してくれるから、こうした悲劇も過去の出来事として、笑い話にもならない。

この情報量を誇るスマホだが、いろいろと考えているうちに、一方では「だがしかし」と疑問も湧いてくるのである。そこで、最近読んだ文春新書・石川結貴著『スマホ廃人』で紹介された絵本の事に触れてみたい。

これはシンガポールの小学生が書いた作文をもとにしたもので、「もし自分がスマホだったらママはきっと自分を見てくれるだろう」という必死の願いが込められたストーリーである。しかし、これはただ単にシンガポールに限った事柄ではないのだ。現に私が街中で母子のやり取りを目にしていたら、子どもが話しかけても母親はスマホに夢中で子どもなどいないかのようだった。

こんな状態を見せつけられると、昨今、子どもの貧困が取りざたされている現状についてついつい思い至ってしまう。こういう母親に育てられた子どもの将来は、一体どうなっていくのだろうかと甚だ心配だからである。聞くところによると、スマホの功罪を熟知しているジョブズ（Ａｐｐｌｅの創立者）は、自身の子どもたちには成人になるまでスマホの使用を禁止していたというではないか。

スマホは手軽で便利なために気楽に使う事が多くなってしまう。だから使いようによっては困った存在と化す事もあるという事だ。何故かと言えば、スマホから得る情報は全くあなた任せだからである。自分自身で考えたものでは決してないのだ。

スマホを上手に操る事には価値があるかもしれないが、それが依存に陥った時には周囲の気配さえ気づかう事を忘れ、自己中心となってしまってはいないだろうか。それはある時ふと気づくと、貧しい自分の姿に出会って愕然とする事に繋がっていかないだろうか。

最後になったが、「人間は考える葦である」とパスカルは言っている。もしもそれが本当だと考えるのなら、この際スマホを脇に置いて、もう一度自分自身の頭で物事を考えてみるという現実を取り戻してみてはどうだろうか。

（博）

２０１８年４月　季刊公的扶助研究第２４９号「ひといき」掲載

生活保護ワーカーと社会をつなぐ

東京生活保護福祉研究会顧問　髙木博光

皆様ご周知の通り、当会は2018年（平成30年）7月~9月まで放映されたドラマ「健康で文化的な最低限度の生活」の制作に協力し、衛藤晃副会長が会を代表して監修を務めました。

そして、あまり知られていないことですが、今から遡ること21年前の1997年（平成9年）3月に放映されたNHKのドラマ「いのちの事件簿―ケースファイル」（主演：三浦友和）においても、当会の会員である髙木博光編集委員が監修を務めました。現在90歳である髙木博光編集委員に当時を振り返ってもらいました。（編集委員会）

1．私が生活保護ケースワーカーになるまで

(1) 敗戦、家出と牧師との出会い

1945年（昭和20年）8月、世界を敵として戦ってきた日本はついに力尽きて敗戦となった。その時は17歳で、絶対に日本は勝つと信じこまされていた。それがまるで嘘のようにあっけなく米国と

連合軍に負けてしまった。何を信じてよいかしばらくは茫然自失の有様だった。今にして思えば何をもとにして生きて行けばよいのかその術もなかったし、ましてや福祉の道に入ることなど思いもよらなかった。毎日が無聊《ぶりょう》の日々で何することなく過ごしていた。

そうこうするうちに、軽い結核にかかり療養の生活となった。なんとか1年半余りで回復をしたが、行きどころのない不満が募って、1947年（昭和22年）の夏に、父親と生まれて初めて諍《いさか》いを起こした結果家出となった。

近くに親戚の家が何軒もあったのだが、父親の気性からすれば頼っていくことはかえって迷惑をかけてしまう。ではどうするかと考えても、よい考えが浮かばないまま真っ暗な闇の中の田んぼ道を夢遊病者のように歩くうち、何故か街の明かりの輝きに導かれるようにして教会まで行き、その夜から家族の一員となってしまった。

牧師の家族は夫妻、長男次男、長女次女の6人家族。台湾からの引揚者だったが、何の関係もない男の身柄を何の苦もなく受け入れてくれて、家族として迎えてくれた。

これが後になって福祉の道に入る原点となるのだが、もし、この時に断られていたらどうなっただろうと考えると背筋が寒くなってくる思いだ。

よい若い者がぶらぶらしていても仕方がないだろうとばかりに、牧師は最初民生委員の手帳を運ぶアルバイトの仕事を斡旋してくれた。そのうち、牧師が勤務していた千葉県民生委員連盟の書記として採用してくれるように口をきいてくれた。その結果、1948年（昭和23年）3月書記として雇わ

れた。これが最初に入った福祉の道だったたし、何と言ってもこの牧師との関係が人間愛に目覚めさせてくれた出来事であった。

(2) 時代は社会事業から社会福祉事業へ

敗戦後は占領軍の総師であるマッカーサーが厚木に到着し、間もなく皇居前の第一生命にGHQを設置して占領政策が着々と進められていった。占領軍の基本政策は日本の非軍事化と民主化にあった。即ち社会事業といえども軍国主義と結びついていたものはすべて排除されて、社会事業は新たに社会福祉事業と呼称されるに至った。

当時の国内は帰国者、失業者、家を焼かれた人々などが溢れかえっていて、社会的な不安を作り出していたばかりではなく、混乱の極みだった。その中で取りあえずの措置として、1945年(昭和20年)12月占領軍の指導の下に政府は閣議で「生活困窮者緊急生活援護要綱」を決定している。

次いで政府は現実に生活に困窮している者の理由の如何を問わず、最低生活の保障をするという法制定に着手した。計画を占領軍に提出したところ、連合国は有名な「社会救済」(SCAPIN775)を回答した。この結果として1946年(昭和21年)9月に旧生活保護法が制定されている。

また、それまで困窮者の援助は専ら民生委員が無給で行ってきたが、1949年(昭和24年)9月に「生活保護制度の改善強化に関する勧告」として、社会保障制度審議会の勧告が出され、これを受けて旧生活保護法の問題点の解消を図るために1950年(昭和25年)5月新生活保護法が公布された。翌1951年(昭和26年)4月には、社会福祉事業法で福祉事務所制度が設けられると同時に、社会福祉主事という有給専門職が置かれた。このため民生委員は従来の補助機関から協力機関へと、困窮者援助から一歩後退することとなった。

社会福祉事業法が出来るに及んで、それまで勤務していた千葉県民生委員連盟は他の千葉県同胞援護会、千葉県厚生事業協会と合併し、千葉県社会福祉協議会として発足した。このような福祉行政の動向を背景に、以後の私は婦人児童部の書記として千葉県の児童施設を走り回っていた。

2. 福祉事務所に転職

1951年（昭和26年）4月から福祉事務所が出来た。出来たものの新しい制度ということもあって職員を集めるのに苦労していたと思う。たまたま親しかった友人が、東京の板橋の福祉事務所に勤務していた。人が足りないから来ないかと誘われた。いつかは福祉事務所に行きたいと考えていたので、上司に相談して許しを得、すぐに東京都に行って手続きを済ませた。臨時だったが1953年（昭和28年）1月から東京都足立福祉事務所に採用されて生活保護ワーカー（以下、ワーカー）となった。足立福祉事務所には1961年（昭和36年）3月まで勤務し、同年4月荒川福祉事務所に異動した。1967年（昭和42年）からは、山谷の生活相談員として荒川区から6か月間交代員として派遣された。自分としては馴染んだので4回の派遣に応じたが、その後異動となり、出張所や戸籍係などへ配属されたので福祉事務所への異動を願い出て所長交渉をした。10人ばかりの仲間が一緒に加わってくれ、そのお陰で墨田福祉事務所に異動が出来た。

1989年（平成元年）に定年退職をしてからは、複数の精神障碍者事業所に属して現在に至っている。

3. 福祉事務所のワーカーとして考えたこと

公務員の試験に合格すると本人の希望に関係なく福祉事務所のワーカーとして業務につく場合がある。福祉事務所の仕事は、公務員の仕事の中でもあまり目立たない、どちらかと言えば地味な装いを持った仕事だと思う。何をやってみてもなかなか終着点が見えてこない。やってもやっても終わらないという意識が、絶えず渦巻いていたように思う。信じられない物事が持込まれることで吃驚することもあった。

しかし､それは自分の認識不足からくる出来事だったかも知れない。「疲れない」と言えば嘘になる。一番疲れると感じるのは、自分が担当している利用者と接している中で、社会の人たちの非難の目や悪口などが思ったよりも多いことに気が付く時である。

例えば、今でもまだ続いているようだが、「あの家が丼ものをとっているなんて贅沢だ」とか、「あの家はきれいな格好をして出かけていくが保護を受けているとは思えない」等々が民生委員を通じて、無記名のはがきや無名の電話などによって伝えられる。これが一番やりきれなかったし、仕事の意欲を減退させる要因だった。

しかし、そうしたことを言っている自分自身はどうだっただろうか。24歳でワーカーになりたての頃は、権力を背負いこんでいることの自覚もなく、相手の人を一方的に追い込んでいたのではないかと今にして思うのだ。当時、相手の人たちは何時も腰をひいていて、私の気持ちを伺いながら口を重くしていた。そうした状況を少しずつ身に感ずるようになり、「虎の威を借る狐になってはいけない」

と強く思うようになっていった。考えがそこまでいくと、地味ではあるが大切なこの仕事の中身をどうやって社会の人たちに知らせることが出来るかと考えるようになった。全国公的扶助研究会に入ったのも荒川福祉事務所のワーカーだった頃だ。

経験を積んでいるうちに、憲法で保障されている権利が何故に非難され、利用しにくくなっているのかを考え、社会の人が現状を知らないことが大きな原因だと思うようになった。社会の人たちは、権利ではなく、「それは恥ずかしい行為なのだ」「自己責任のことなのになぜ公の保護を受けようとするのか」などと考えているからであろうと思った。

4．社会の人たちに現状を知ってもらうために

社会の人たちに現状を知ってもらうためにどのような方法が適しているかを自分なりに考えた。例えばワーカーの活動を本にして発表する。ラジオで解説してもらう。しかし、社会に提示するとすれば何と言っても映像が一番と思えた。

確か、ワーカーになって7年目ぐらいだったと思うが、ワーカーの活動を自分なりに描いてみたいと思い、「生活の谷間」という題名で脚本を書いたことがあるが、才能の問題から途中で挫折してしまっている。しかし、頭の中には脚本からイメージした映像が残っていて、何かの機会があれば完成させたいと考えている。

昭和から平成初期の時代は、テレビにしても書籍にしても生活保護に関するものの数は少ないようである。それは利用者に対する秘密の保持と、映像化し難い現場の事情かもしれない。そのような中

で3本の企画に携わった。

一つ目は、荒川福祉事務所時代の1966年（昭和41年）12月『健康保険』誌において「ルポ日本の社会とその将来」という題名で取材を受けた。当時次に詳述する八尾《やお》事件も関係して、ワーカーの仕事を正しく伝えてもらえそうだったので、2時間にわたる聴取に甘んじた。現場で悩みながら法律と利用者との狭間で悩むワーカー、割り切れない問題にどうすれば相手の人の幸せにつながるかと努力するワーカーの本当の姿をいろいろな形で知らせるべきだという考えがあった。

福祉事務所のワーカーはいつも実施要領をもとに仕事をしているが、八尾事件とは、実施要領の解釈と運用をめぐり1966年（昭和41年）大阪府八尾市で起きた事件である。生活保護を利用している母子が、当時まだ保有が認められていなかった冷蔵庫を売却するように指示されて自殺した。この事件は、新聞や週刊誌で大きく取り上げられ、「犯人はワーカーだ」と報じられ、現場では他人事ではないと話題となったものである。

二つ目は、1972年（昭和47年）頃、確か墨田区のワーカーだった頃に放映されていたNHKの「福祉の時代」という番組である。事例をもとに上智大学の籠山京教授が解説をする番組で、現場のワーカーとして武蔵野市の三上氏、小平市の池末氏、墨田区の私の3人が呼ばれ、出演したことがあった。

三つ目は、1997年（平成9年）3月に放映されたNHKのドラマ「いのちの事件簿――ケースファイル」である。1996年（平成8年）4月東京の池袋で母子の餓死事件が発生した。寝たきりの息子と77歳のAさんだ。詳細な日記が残されており、その内容の公開に世間は驚き、「行政は何をやっているのだ」という非難が多く沸き上がった。

これが刺激になった訳でもないだろうが、翌年NHKのスタッフは生活保護関係の題材を求めているうちに篠田節子氏の「死神」の短編集に目を留め、この中の3編をまとめて物語にしてワーカーへの応援歌とするドラマの作成を考えた。スタッフは神田の古本街へ行って小山進次郎氏の「生活保護の解釈と運用」を探し出した。これをもとにして著名な脚本家と読み合わせしながら台本が出来上がった。

この時点で現場をよく知る誰かが必要だということになり、大田区の柴田氏と墨田区の私に声がかかって監修に協力した。柴田氏は主として福祉事務所的たたずまい、所内の机の配置などについて、私は主として台本を読んでみて現実味のあるものか、現実とかけ離れていないかなどについてチェックをした。

スタッフと定期的に会合を持ち、駄目押しをしながら協議を重ねた。題名は、初めは「幸せの階段」だったが、3回目の会合から「いのちの事件簿――ケースファイル」となっていて、犯罪に関係するドラマのような印象を受けたが、言うのはやめてしまった。生活保護に関することは、直に税金と結びつけて考える社会的な存在としての世間が横たわっている。生活保護を題材として取り上げる方もそのことを強く意識するからこのような題名になったのであろうか。

このドラマは連続ドラマではなく、1回限りのものであった。少しでもワーカーの活動が社会の人たちに知ってもらえればよいと考えて監修に協力したが、ドラマに対する現場の評判はあまり芳しくなかったようだ。しかし、少数意見ではあるが褒めてくれたものもあった。

生活保護について取り上げたドラマの内容に対する現場の声として、生活保護の現場はそんなに容易なものではないという声がある。いくらドラマをきちんと作っても現実に近いものはなかなか得られない。

一方で、生活保護の報道の仕方により、生活保護を誤った観念で捉えられてしまうことが多い。2012年（平成24年）芸能人の母親が生活保護を利用していることに対して、芸能人の収入が多いにもかかわらずこの保護は不正だとマスコミは取り上げた。生活保護の利用はワーカーの守秘義務によって守られているが、この報道によって知られなくても良いことが公になってしまった。現実には子どもは仕送りもしていたし、福祉事務所との話し合いも充分に出来ていた。それにもかかわらず問題にされてしまった。

以後この母親は外出もままならなくなってしまった。この騒動は生活保護のマイナス面をあらわにしてしまった出来事であった。この問題は某議員の告発めいた発言から始まったものだが、生活保護の利用権を大いに侵害してしまった出来事と言えよう。

5．終わりに

生活保護の問題がマスコミで取り上げられる時は殆どが納税者を意識したものになりがちで、どうしても利用者に対しての非難が多くなってしまう。社会はそれを一定程度支持してしまうから問題の本質が見えなくなってしまう。

私が監修したドラマは単発ものだったが、生活保護を題材にしたドラマが10話ものとして公開された。柏木ハルコさんが描いた漫画そのものずばりの「健康で文化的な最低限度の生活」の映像化だ。

柏木さんはかなり取材をしてこの漫画を描いたと聞いている。これに目を付けたプロデューサーが「人生の曲がり角は誰にでもある」と自身の経験から関わって製作を果たし、長物で示してくれた。ドラマで主役を務めた吉岡里帆さんの好演とワーカーの義経えみるが重なって新しいワーカー像を作ったのではないだろうか。

生活保護に関して広く知ってもらいたかったので、自分がワーカーになるまでの軌跡も含めて今まで縷々《るる》述べてきたが、生活保護の問題はなかなか壁が厚いようである。しかし、憲法で保障されている精神やその目指すところはこれからも様々な形をとりながら続けられていくと思う。誰もが安心して生活保護を利用し、負い目もなく社会の中で受け入れられることが1日も早く到達するように願いながら終わりたいと思う。

(たかぎ　ひろみつ)

2019年4月　季刊公的扶助研究第253号「小特集②」掲載

保護費の計算の推移

最近の保護基準の計算はコンピューターで簡単に出せるので、苦労なく算出出来て大いに助かっていることと思う。

ところで、１９５１（昭和26）年に社会福祉事業法が成立したのだが、それまでは民生委員が生活困窮者への支援や援助に携わっていた。区の職員が計算したものを民生委員が受け取り、各戸を回って生活費を個別に配って回っていた歴史がある。

戦後新しい法律が出来たことで、民生委員に代わって福祉事務所が立ち上げられた。これは、公の責任を果たすことを踏まえた上で、社会福祉主事が生活困窮者への支援及び援助に就いたということである。私は昭和26年から同27年まで千葉県社会福祉協議会の婦人児童部の書記だった。

そんな或る日、友人の秋場氏が東京の板橋福祉事務所でワーカーをしていたが、福祉事務所が発足間もない頃だから人手不足で、各自の労働が過重だったようだ。私に「来てみないか」と誘ってきたのもそうした事情があったからだろう。勤務先の上司に相談してみたところ「それも一つの選択だろう」と言ってくれた。そこで東京都に行って手続きを済ませた。間もなく昭和28年1月臨時職員として採用され足立福祉事務所に生保でのワーカーとして勤務となった。

さて、その頃の保護費の計算は専ら算盤《そろばん》だった。保護基準の改定の時期にはパチパチと算盤の音が

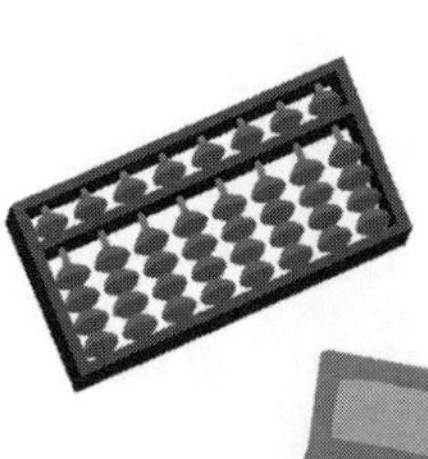

所内中に響いて賑やかなものだった。１級の人もかなりいたからその人たちは計算が早かった。私は殆ど使ったことが無かったからたどたどしいやり方で計算していた。

はじめは５つ玉が主力だったが、４つ玉の方が便利だと分かり始め出してくると、すべて４つ玉に変更されて行った。不器用な私にとっては５つ玉も４つ玉も関係なく不自由であった。

１９５５（昭和30）年代になってからだと思うが、手回しで出来る機械式計算機が出回り「ちん！」と鳴ると計算が出来たので算盤は次第に使われなくなった。ただし、係に1台程度だったので代りばんこに使い、算盤１級の人などは算盤を使っていたようだ。

この時代はあまり長くはなく記憶だから何とも言えないが、１９６５（昭和40）年代以降からは大型の計算機が備えられてさらに便利になったが、持ち運びができないので皆が争って機械の前に座りたがった。

昭和40年代から50年代になると携帯型の計算機が（電卓？）出回り始めた。携帯型としては大き目だったから持ち運びには苦労が伴った。しかし段々改良されて行くと同時に大量に生産されるようになったため小型化になって持ち歩きできるようになって行った。

１９８４（昭和59）年に知的障碍者の通所施設に異動となった。この間に福祉事務所ではパソコンが使われ始めていたようであり、１９８９（平成元）年定年で退職をしたから福祉事務所での計算はすることが出来なかった。現時点ではノートパソコンが出来、スマートフォンというまるで歩く辞書も出来るという便利な世界が展開されるようになった。今まで述べてきた保護費の計算方法は画期的に変化し、昔の算盤での計算を考えてみると時の流れを感ずるし、時代の進み具合から余りの変わりように感慨ひとしおである。

2023年7月　季刊公的扶助研究第270号「ひといき」掲載

（博）

Ⅸ・戦争と青春と私

戦争と青春と私

東京福祉研究会顧問　髙木博光

1. 戦争と学徒動員

戦争に対して自分なりに強く意識したのは、旧制中学の日大付属に入学した時かもしれない。入学した日大付属には当時何処にでもいる配属将校と下士官の軍曹とのコンビで軍事訓練が行われた。訓練は厳しくて、柔剣道と称して木製の銃を持たされ、人を突き殺す訓練として屡々行われた。また訓練時にはゲートルを巻かなければならず、これを靴の上から膝下まで巻いて行くのだが、早い者と遅い者との差がはっきりと別れ、私は何時も遅いから叱られていた。

ある日の事、霜の降った校庭で正座をさせられ、足の感覚がほとんどなくなった頃に「よし！」と言われて立ち上がろうとしたが、痺れているからその場に転倒してしまった。「たるんでいる！」と往復ビンタを食らってしまった。

別の訓練の時にうっかり「ゲートル」と言ってしまったところ「ゲートルではない、巻き脚絆《きゃはん》と言え」と怒鳴られてしまった。敵性用語は使ってはならないからだ。愚図な私はこれから戦争が激しくなると、嫌でも召集されるからその時には訓練よりは厳しい筈だから「果たして生きて行けるかどうか」真剣に考え込んでいた。

中学3年の1943年（昭和18年）あたりから戦局は連合国側に有利に進み始めて居た。国もその状況を感じていたから、「学徒戦時動員体制確立要綱」を閣議決定し、学生を強制的に動員するようになった。拒否などできるわけがなく学業も停止となった。日大付属は横浜だから日産自動車に配属された。ターレット[1]や旋盤[2]を使って航空機の部品作りをすることになる。毎日蒲田からキリンビール前駅[3]で降りて空襲に怯えながらの通勤?となった。

この動員に纏わることとして、非常時に伴って継母や幼い弟たちは父の田舎に疎開をし、父は川崎の家に一人住まい、私と弟は動員があるから父の知人である蒲田大鳥居のOさんの家に寄宿となった。

2. 城南京浜大空襲[4]に襲われる

こうして通勤するうちに遂に恐れていた事態がやってきた。

住んでいた蒲田と大森、荏原、川崎などの広範囲に渡っての空襲で、絨毯爆撃という酷い仕打ちのものだった。一人も残さない方法だと言う。空襲警報が鳴ったので早速身の周りのものを持って、Oさんとその妹のKさん、私の弟との4人で外に出た。

既に遠くでは焔が燃え盛っている。空き地に進むにつれて周囲からの熱風が体を包み込んでくる。どこかの母親が子供の名前を呼んでいるのだが、轟音で掻き消されてしまう。やっと空き地にたどり着いたのは良いのだが、此処も決して安全である訳がないのだ。何しろ空から爆弾や焼夷弾が降ってくるのだから。何処に落ちるかも分からないのだ。空き地である広場の周りは町工場が犇《ひし》めき合っているのだから狙われる可能性は十分にある。

そのうちに焼夷弾がばらばらと落ちて来た。どだい落ちてくる場所がわかる訳ではないから、勘を頼りにして、身を動かすしかない。脇の方で焼夷弾がぶすぶすと鈍い音を立てて刺さってくる。これに当たったら死ぬしかないのだ。近くの工場も火の海だ。凄まじい火の粉が飛び交っている。大変な事態にあるにもかかわらず、壮大な火事を見ているような感覚もあった。

周囲の家々が燃えて形が崩れそのうちに無くなって行く。時間がどれだけ経過しているかも分からない、真夜中も過ぎ、空襲の恐ろしさに時間の観念がどこかへ行ってしまった様だ。

爆弾も焼夷弾も落ちてこなくなった。何処かで音がするが何だか分からない。そして碌に仮眠もとれないまま静かな朝が白々と明けて来ていた。

明るくなってくると被害の度合いが分かって来た。燃えた家々から出た燻ぶった煙があちらこちらに立ち込めている。焦げ臭いにおいが一面に拡がっている。気持ちがどうにか落ち着いてくると、家がどうなったか心配になった。寄宿先にまず行ったが跡形もない。

川崎の家のことも気になる。大鳥居駅から蒲田を経由して、京浜川崎駅で下車し、燃えただれた市内を捜し歩き、何とかそれらしき場所に着いた。すべて燃え尽きていて、水道の蛇口から水がちょろちょろ流れているのが印象的だった。０さんは栃木に疎開している奥さんたちのところへ、妹さんは知人宅に、私と弟は川崎駅に向かい、秋葉原で乗り換え両国に行く。当時総武線は両国が始発駅だったからだ。列車は人で溢れ、通常の乗り方では無理なので、窓から引っ張って貰って乗る始末だ。座席は座るのではなく、靴を履いたままそこに立っているのだ。何とか石炭が積んであった脇に二人で入り込んだ。総武線松尾駅[5]に1時間30分ほどで着いた。

やはり田舎は都会の空襲を逃れて来たものにとっては何か別天地に思えた。と思う間もなく、そうではない、まだまだ戦争は続いているのだという事を思い知らされたのである。家族全員の食料の確保がある。30分かけて大平村[6]の配給所にリヤカーで取りに行くのである。青年だから私の役目になっていて、ある日配給米を受け取っての帰り道、バタバタと音が聞こえ、アメリカのＰ51戦闘機だった。機銃掃射でバリバリという音がしたので慌てて木陰に隠れたが、すぐ近くの地面が音を立てて削られていった。「どうかあたりませんように」と地べたに這いつくばった。

それから2週間後も松尾駅まで使いを頼まれた帰り道で機銃掃射に狙われた。都会と違って空襲警報が鳴る訳ではないから何処から飛んで来るのか分からないのである。気が付くと編隊を組んでいた中から一機が外れるようにして、急降下しながら迫ってきた。あっという間に近くまで来ていて線路脇の松林に入り込んで機銃掃射を避けた。そばを弾丸が規則正しく弾けるようにして地面を削って行った。何人かいたが幸いなことに誰にも当たらず、皆助かって一様に溜息をついた。

田園風景が広がって見晴らしが良いから捉えられ易いのだろうが、此処に来てまで襲われるとは夢にも思わなかったから、早く戦争が終わってくれないかと襲われるたびに思った。

3. ポツダム宣言受諾による敗戦

そうこうするうちに１９４５年（昭和20年）８月15日にポツダム宣言を受諾して日本は敗戦となった。戦争が終わったのは良いのだが、婦人は犯され男子は殺されるなどのデマが飛びかう中、隣のおばさんが来て天皇陛下のお言葉があるよと教えてくれた。

私がいた部落には電気が通じていなかったので、松尾駅まで行き天皇のお言葉を聞いた。ラジオの調子が悪くて「堪え難きを耐え、忍び難きを」程度で良く分からずじまいだった。そばにいた老人が「戦争が終わったね」と呟いた。この言葉はなぜかリアルに聞こえ、本当に終わってくれたんだとホッとしてため息が出てしまった。

翌年の1946年夏に軽い肺結核になって、毎日天井を見て過ごした。東京ではアメリカが主となった連合軍が上陸し、皇居前の第一生命館[7]が接収されて連合軍本部であるGHQが置かれて、占領政策が着々と進められて行った。

4. 郁夫の死

折も折、戦争がまだ終わっていないという事を目の当たりにすることになるのだが、これは私自身にとって今後も起こらないであろう事実として、深く心に刻み込まれ、生涯忘れることのない出来事であった。

それはうだるような夏の日であった。確か1947年（昭和22年）8月だったと思う。どうやって訪ねて来たのか分からないが、「郁夫」という青年が父に会いにやってきた。この青年は敗戦色が濃くなりはじめた1944年（昭和19年）に軍隊に召集された。父が川崎で漢方医を開業していた頃に患者さんの甥として知っていたのだが、その後患者さんも亡くなった為に父はこの青年に親近感を抱いていたのであろう。父は彼を送り出すときに「必ず帰って来なさい」

と送り出したと言う。

「郁夫」は父を夙《つと》に慕っていたらしい。彼は南方から餓死寸前のところで幸運にも帰国することが出来たらしい。輸送船にも兎に角乗ることが出来て、日本に帰って来た。しかし、彼には何処にも帰る家がなく、唯一の叔父さんが亡くなっていることも知らなかった。多分家を捜しただろうが、空襲で全くすべてが焼け尽くされてしまっているから、何処へも行く当てがなかった。

その時頭の中に父が教えてくれた住所が浮かび上がって来て、うろ覚えの記憶を頼りに、漸くにして私たちの家にたどり着いたのだった。カーキー色の軍服に軍帽を被っていたが、服の下は明らかに栄養失調も極限に達していたようで、骨に皮が辛うじて覆っているという有様だった。それは南方の軍隊生活が如何に過酷なものだったかを物語っていた。目だけ異様に光っていた。

我が家にはすぐ隣に別棟があり、そこに取り敢えず彼を寝かせた。疲れきっている体には苦難の跡が忍ばれ、しかも満足に食事もしていない様で口を訊く元気もなかった。

それからというものは、父は栄養失調をどうやって回復させられるかを考えているようだった。先ず、初めは水から、重湯にし、少しづつお粥、飯粒を入れて行く、普通の食事へと移って行く様に、それも慎重に食事療法を行っていたようだ。だが、殆ど口に入るものは受け付けないようになってしまっていた。口に入れてもすぐに吐き出してしまう。飲み込み能力も無くなっていた。そしてそろそろ秋風が吹き始める頃になった日に父の苦労の甲斐もなく彼は静かに息を引き取った。

真夏だからすぐに処理をしないと腐敗して仕舞う。残念というよりもこうした若者が戦争に行って戦争ではなく飢餓状態でしか帰ることのできない残酷さに言葉を失った。

戦後間もなくだから焼き場もなく如何にすべきかを父とOさんとで話し合った結果、野原で焼くことになった。私も手伝うように言われ、彼をリヤカーに乗せた。私がリヤカーを引いてかなり離れた草原に向かった。たどり着くと予め持って行った薪を井桁に組み、1.5メートルほどの高さにまで積み上げ、そこにトタン板を乗せた。

彼を焼くための方法だった。痩せてはいたがやはり重いので父とOさんとで乗せた。ガソリンを体にかけた後マッチを擦って火をつけた。薪が燃え出し始めると、ぴちぴちという音がして、油が出てきて、においがあたり一面に拡がった。初めてのニオイだった。嘔吐寸前まで行ったが何とか耐えられた。骨は3人で大きめの壺に入れることになっていたが、焼いた直後は熱かったから暫くは冷めるのを待った。父やOさんは終始無言だった。

私は今まで考えても見ないことの体験を現実目の当たりにして、「郁夫」が父に何を求めていたのだろうかとぼんやり考えていた。骨を拾う時間が来て壺に入れ終わると父が蓋を閉めて帰路についた。「郁夫」の骨がその後どうなったかは知らなかったが、然るべき所に依頼して無事に収められたと後で聞かされた。

5. 終わりにあたって

少年から青年に至るまでの戦争下にあって、どれほどのもどかしさと悔しさを味わった事だろう。今翻ってみると同級生が少年航空兵で応募して18歳未満で何人もが戦死しているのだ。日本が戦争を止むを得ずに行ったものではなく、戦意を世界に示すための愚かな考えのもとに突き進んでしまったのだ。これに依って多くの人材が戦死をし、餓死によって亡くなっているのだ。

「今の日本にこれ等の人々が生きていたとしたら、日本の様相が大幅に変わっていたかもしれないのだ」と考えると、戦争の悲惨さ、戦争の暴力的な非情さなどをどうやって若者たちに知らしめるかが重要な課題になってくると思う。それにはわれわれ人生の先輩は若者に対して臆する事無く語り、戦争の実態を示し、彼らに戦争の現実を知らしめる責任があるのだ。その責任を果たさなければならないと考えている。

いま、日本は敗戦後70数年にわたって戦争を起こさずに平和を保っている。これは他国から見て大変に珍しい現象であると思われている。この貴重な状態をこれからも守って行くのは次代の若者である。その若者たちにこれからの社会に平和の使徒としての役割を担ってもらわなければならない。

それには、誰でも自由にモノが言える社会でなければならないのである。要するに、相手を信頼できる社会をお互いに確かめ合いながら築いていくことではないだろうか。

それは例え小さなものであっても日々の励みの中から育まれて行くであろうから……。

（たかぎ　ひろみつ）

※特定の個人を識別することができない様、個人名はアルファベット表記、仮名を用いています。郁夫は仮名です。

1　多数の刃物および工具を取りつけたターレットヘッドを使用して加工を行う旋盤。多量生産に適する。
2　工作機械の一つ。加工するものを回転させ、刃物をあてて所要の形に切り削るのに使う。
3　1932年（昭和7年）7月、京浜電気鉄道キリンビール前駅として横浜市神奈川区子安通に開業。戦時中に休止となり、1949年（昭和24年）6月に廃駅となった。
4　昭和20年4月15日深夜、東京都大田区（当時は大森区・蒲田区）のほぼ全域を米B29爆撃機202機が飛来し、空襲した。
5　千葉県山武市松尾町五反田にある旧国鉄の駅
6　千葉県山武郡（武射郡）にかつて存在した村である。現在の山武市の東部にあたる。
7　現在のDNタワー21。同じ街区に存在していた農林中央金庫有楽町ビルと第一生命館をそれぞれ部分保存の上、解体・再構築し一体の建物となった。

2023年10月　季刊公的扶助研究第267号「小特集」掲載

X. 写真・スケッチなどの資料

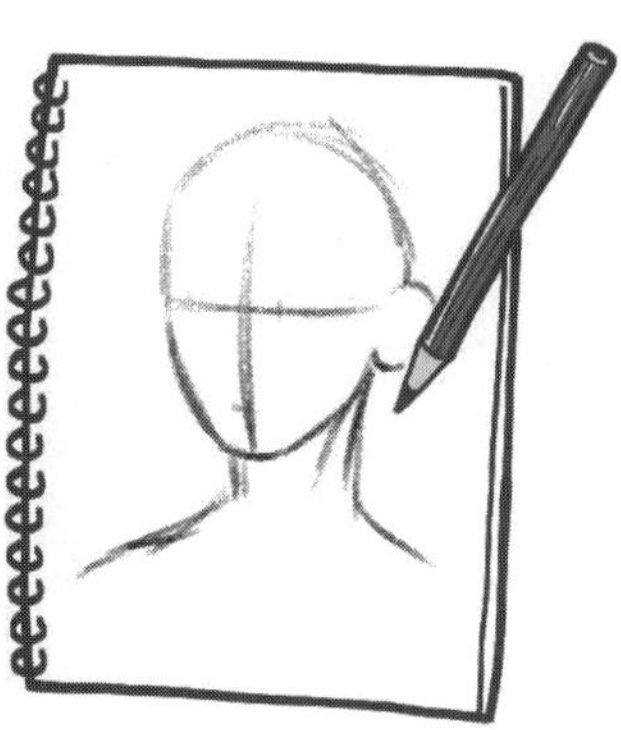

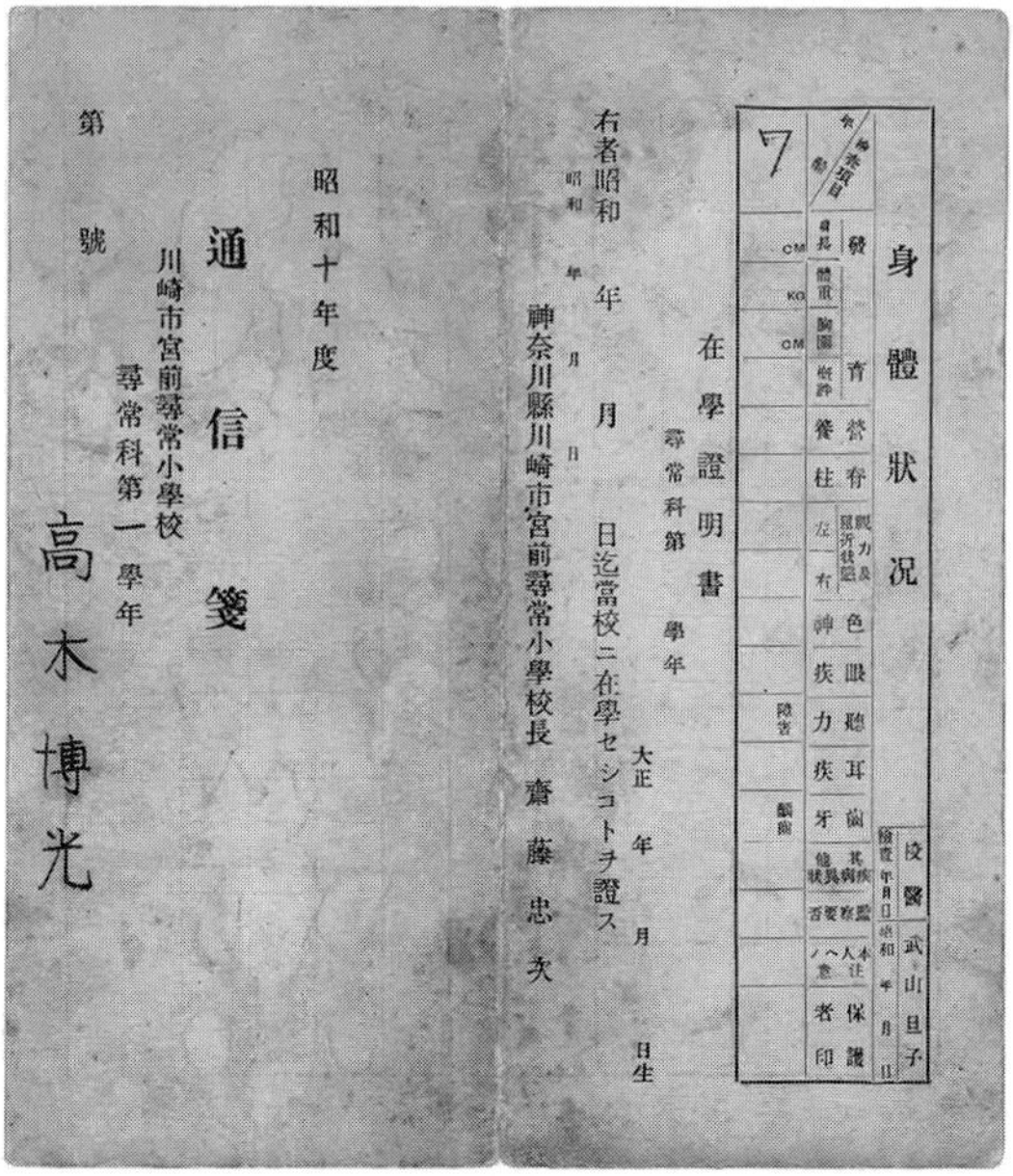

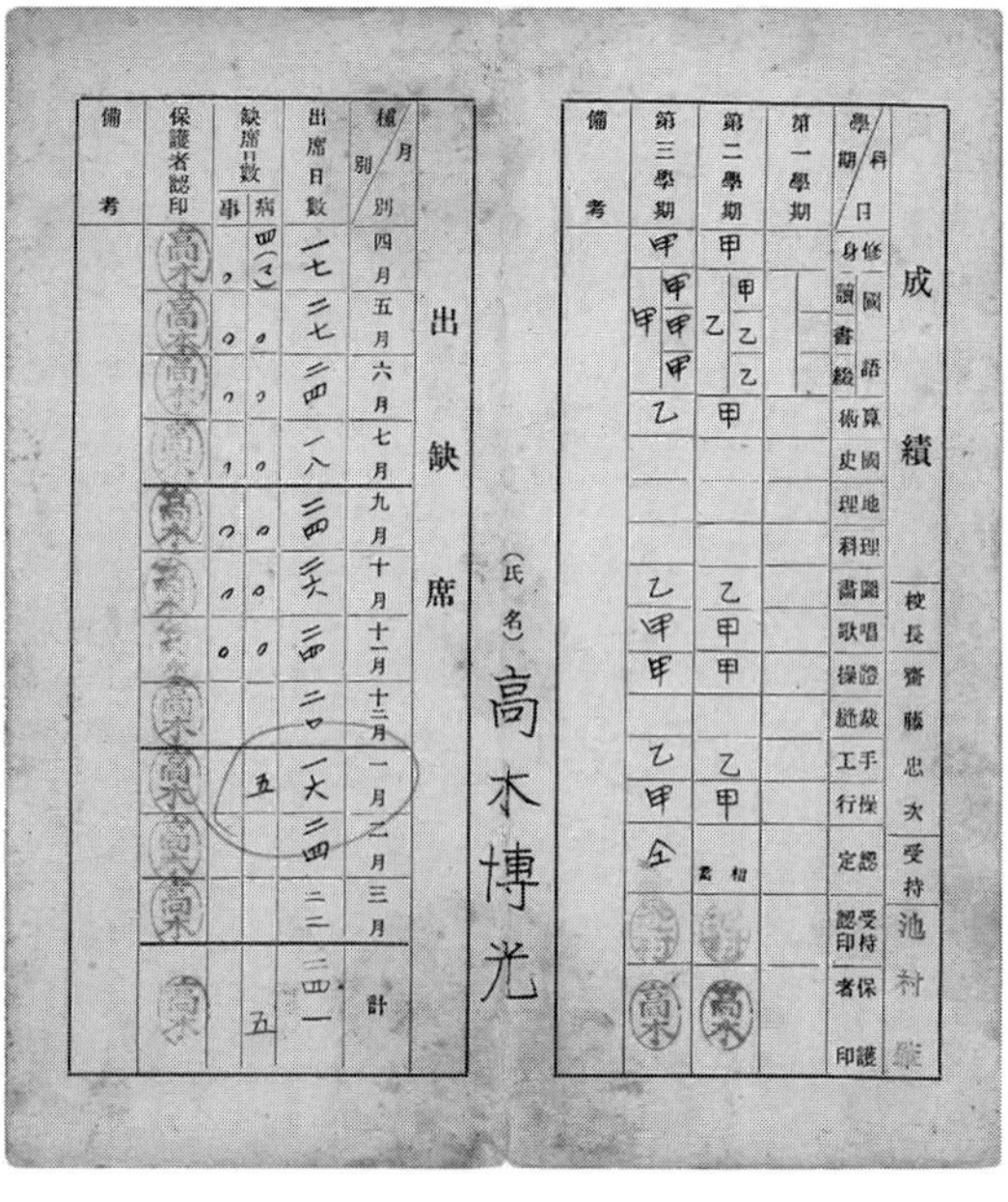

1935（昭和10）年度　通信簿（7歳）　上段（表紙）・下段（中身）

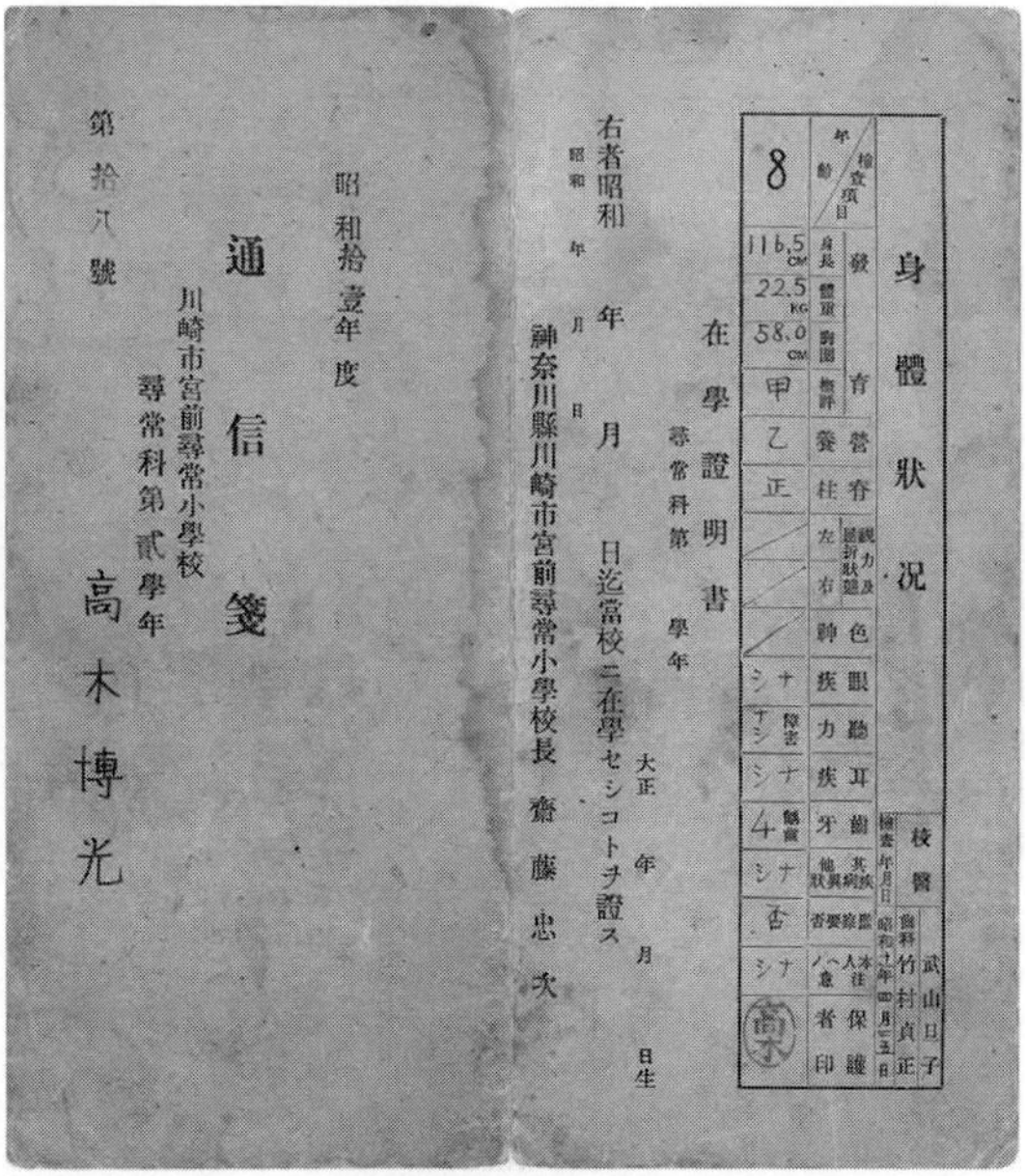

第拾八號

昭和拾壹年度

通信箋

川崎市宮前尋常小學校
尋常科第貮學年
高木博光

在學證明書
尋常科第　學年

右者昭和　年　月　日迄當校ニ在學セシコトヲ證ス

大正　年　月　日生

昭和　年　月　日

神奈川縣川崎市宮前尋常小學校長　齋藤忠次

身體狀況

檢查項目		
年齡		8
發育	身長	116.5 CM
	體重	22.5 KG
	胸圍	58.0 CM
	總評	甲
營養		乙
脊柱		正
視力及屈折狀態	左	
	右	
色神		
眼疾		ナシ
聽力		障害ナシ
耳疾		ナシ
齒牙		齲齒 4
其他ノ疾病及異狀		ナシ
監察要否		否
本人ヘノ注意		ナシ
保護者印		(印)

檢査年月日　昭和十一年四月二五日

校醫　武山日子

齒科　竹村貞正

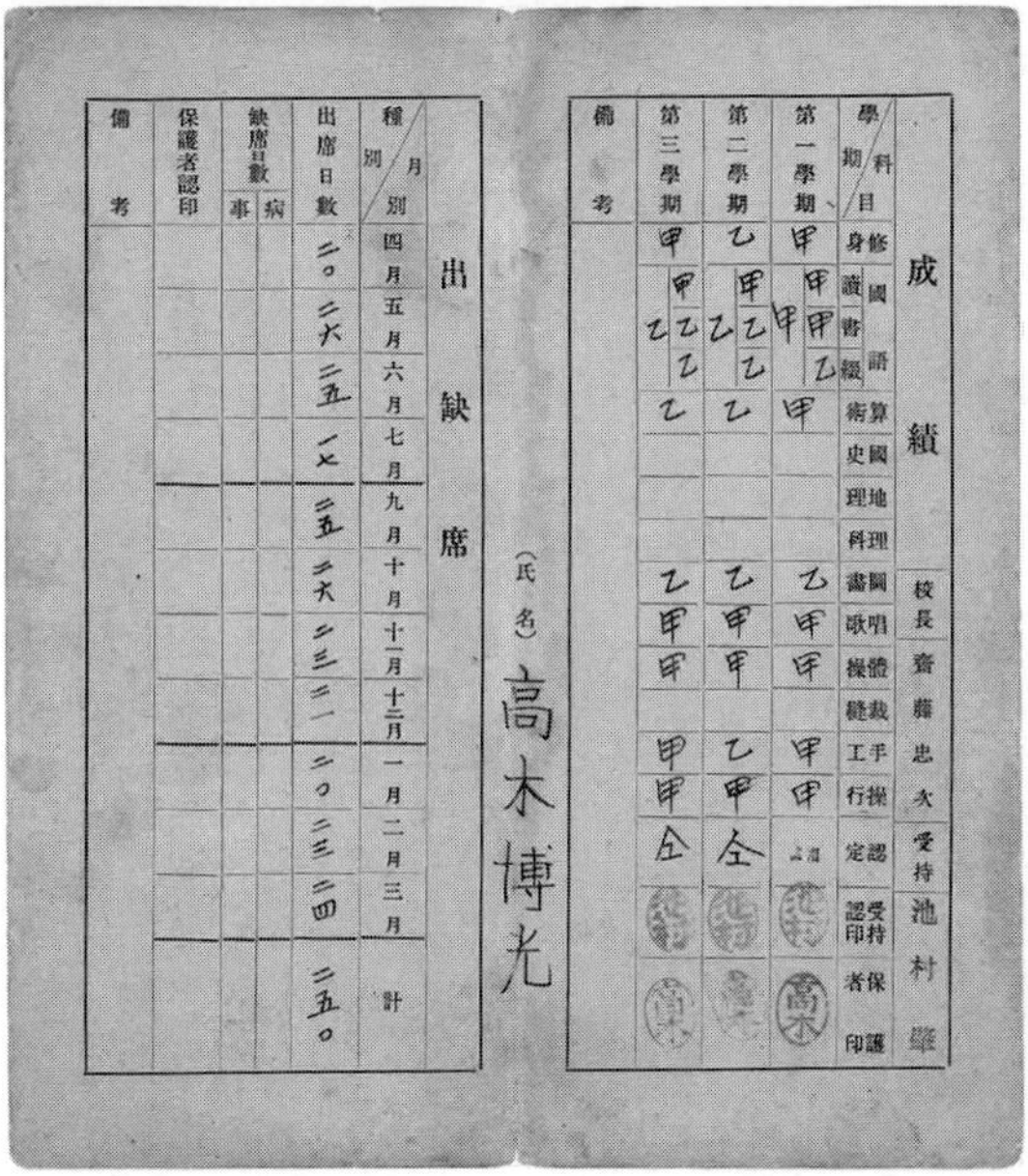

成績

學期＼科目	第一學期	第二學期	第三學期
修身	甲	乙	甲
國語	甲	乙	乙
讀	甲	甲	甲
書	甲	乙	乙
綴	乙	乙	乙
算術	甲	乙	乙
國史			
地理			
理科			
圖畫	乙	乙	乙
唱歌	甲	甲	甲
體操	甲	甲	甲
裁縫			
手工	甲	乙	甲
操行	甲	甲	甲
認定	[illegible]	全	全
受持認印	(印)	(印)	(印)
保護者印	(印)	(印)	(印)
備考			

校長　齋藤忠次

受持　池村肇

(氏名)　高木博光

出缺席

月別	出席日數	缺席日數 事	缺席日數 病	保護者認印	備考
四月	二〇				
五月	二六				
六月	二五				
七月	一七				
九月	二五				
十月	二六				
十一月	二三				
十二月	二一				
一月	二〇				
二月	二三				
三月	二四				
計	二五〇				

1936(昭和11)年度　通信箋(8歳)　上段(表紙)・下段(中身)

1941（昭和16）年4月　日大附属第4中学入学記念
〈左から、筆者（13歳）、弟・将勝、弟・壮介〉

1948（昭和23）年4月　千葉民生委員連盟書記　初めて給料を貰った日（20歳）

1949（昭和24）年3月5日　弟・壮介の
成東高校卒業記念
〈右端弟・壮介、右から3番目・筆者（21歳）〉

1949（昭和24）年3月　千葉県松尾町九十九里協会
会堂前にて　〈左端、筆者（21歳）〉

1957（昭和32）年9月17日　足立区足立養老院　老人の日に友人たちと余興〈左端、筆者（29歳）〉

1957（昭和32）年10月22日　神田YMCAにて結婚式（29歳）

1959（昭和34）年12月23日　担当の
足立区愛仁ホーム（老人ホーム）
友人と慰問の演劇〈左、筆者（31歳）〉

1962（昭和37）年12月19日
足立福祉事務所　忘年会で司会（34歳）

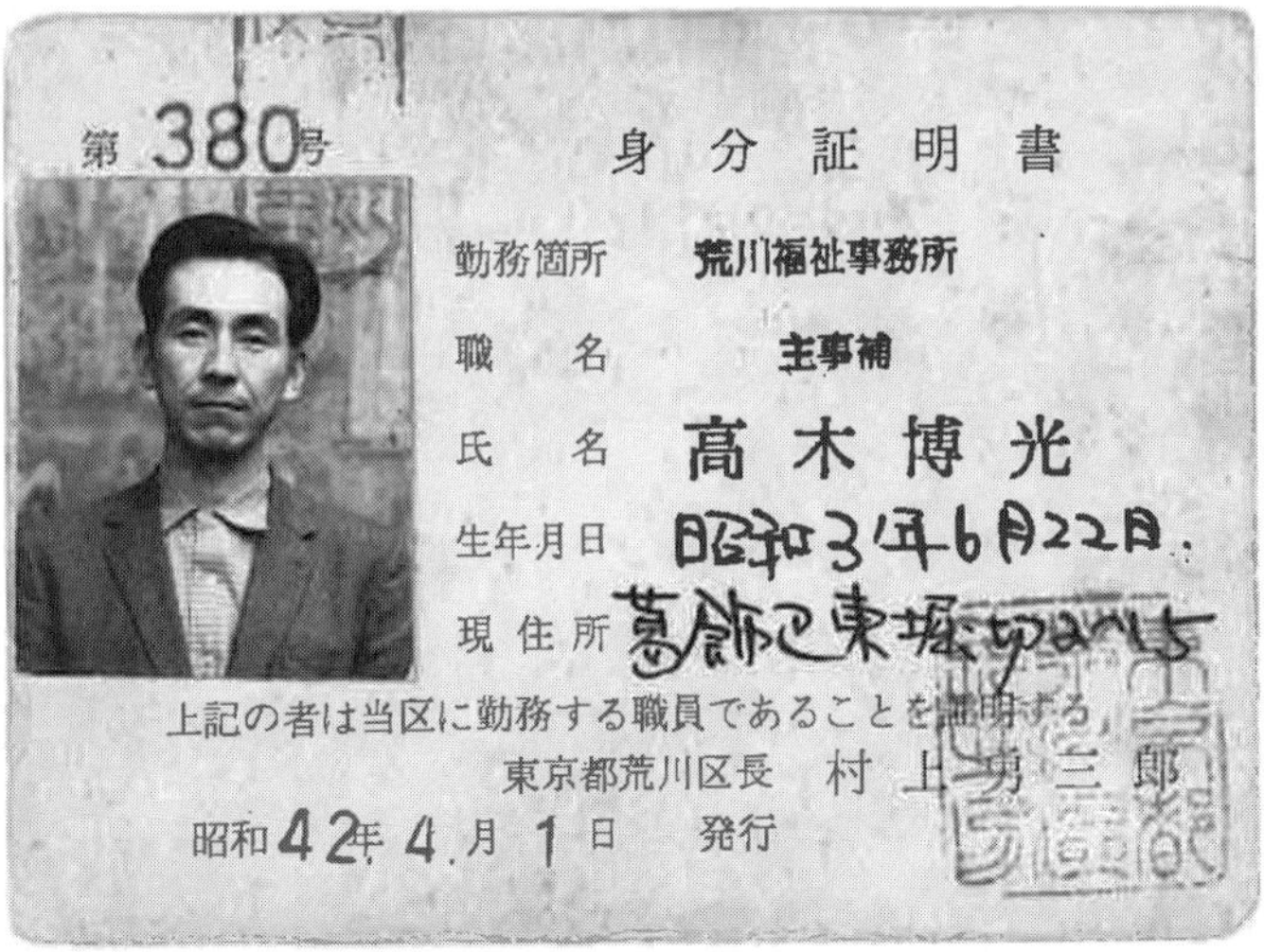

第380号　身分証明書

勤務箇所　荒川福祉事務所

職名　主事補

氏名　高木博光

生年月日　昭和3年6月22日

現住所　葛飾区東堀切

上記の者は当区に勤務する職員であることを証明する

東京都荒川区長　村上男三郎

昭和42年4月1日　発行

1967（昭和42）年4月荒川福祉事務所の身分証明書（39歳）

1978（昭和 53）年4月 26 日　西武新宿駅前「北の家族」で世田谷区多摩川福祉事務所の梶浦泰道氏が退職をして山梨県曹洞宗大光院住職として座禅道場「心鳴禅薗」を開設するために都現協の有志で歓送会を行った

〈前列右端・筆者（50 歳）、右から4人目・梶浦氏、中列右から3人目・三上会長〉

1990（平成2）年11月　写真「一人展」開催（62歳）
新宿　こくみん共済スペースゼロにて

1996（平成8）年12月　NHK土曜ドラマ「いのちの事件簿」（主演：三浦友和）
寺田氏と2人でドラマの監修をした練馬区ロケ現場で記念撮影〈左端・筆者(68歳)
左から4人目・寺田氏、右から3人目・三浦友和氏〉

2009(平成 21) 年 12 月 14 日　田園調布学園大学卒論発表会にて(81 歳)

2019 (平成 31) 年 11 月4日　とらいあんぐるの職員・家族たちと
ディズニーランドにて　〈中央、白い帽子が筆者 (91 歳)〉

1951（昭和26）年10月8日

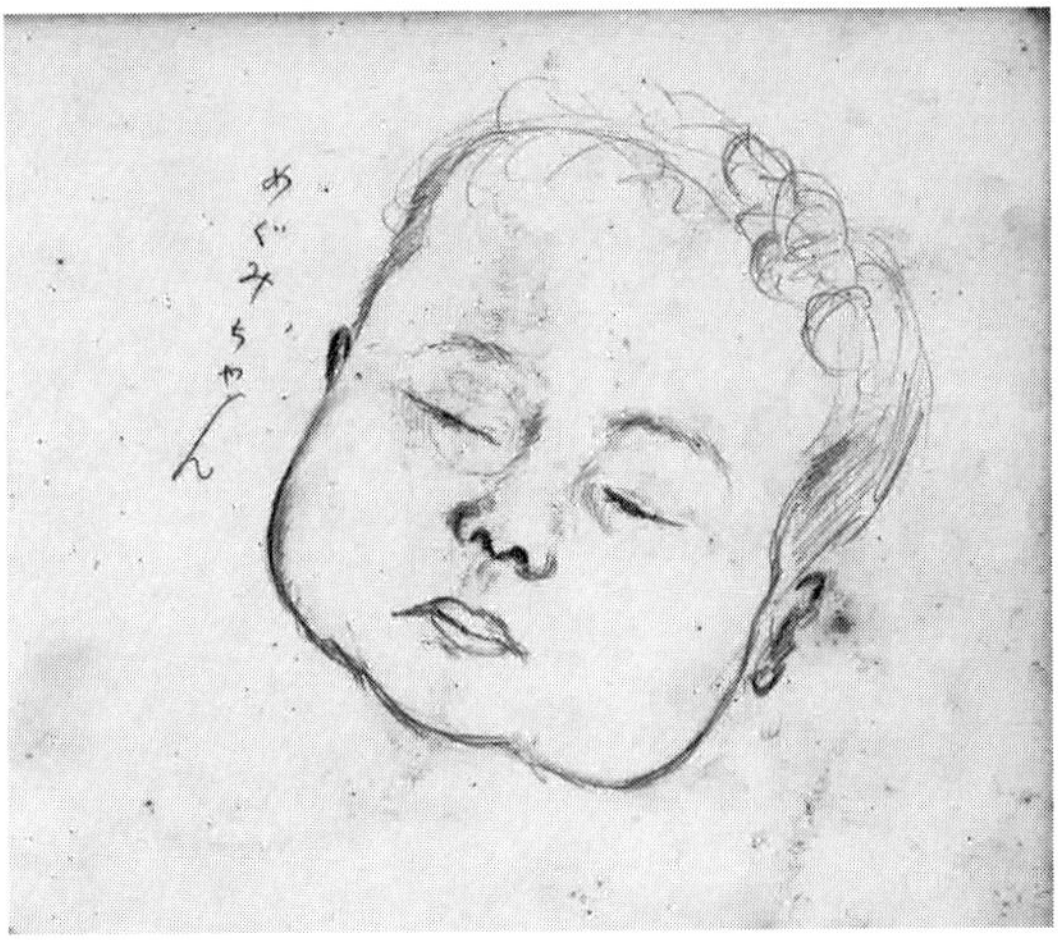

1952(昭和27)年8月18日

1952(昭和27)年8月23日

1952(昭和27)年8月28日

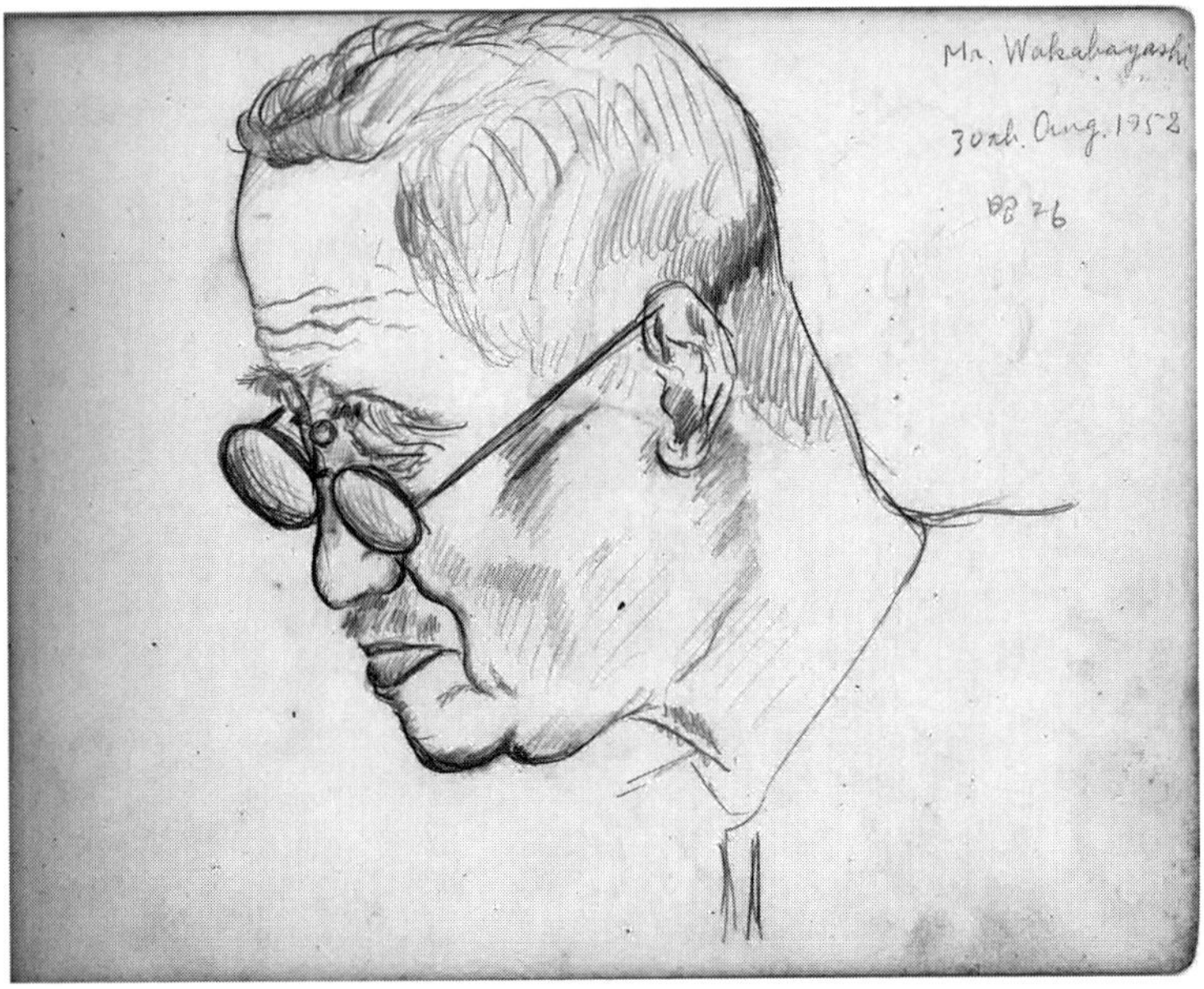

1952(昭和27)年8月30日

1952（昭和27）年9月7日

1953（昭和28）年7月24日

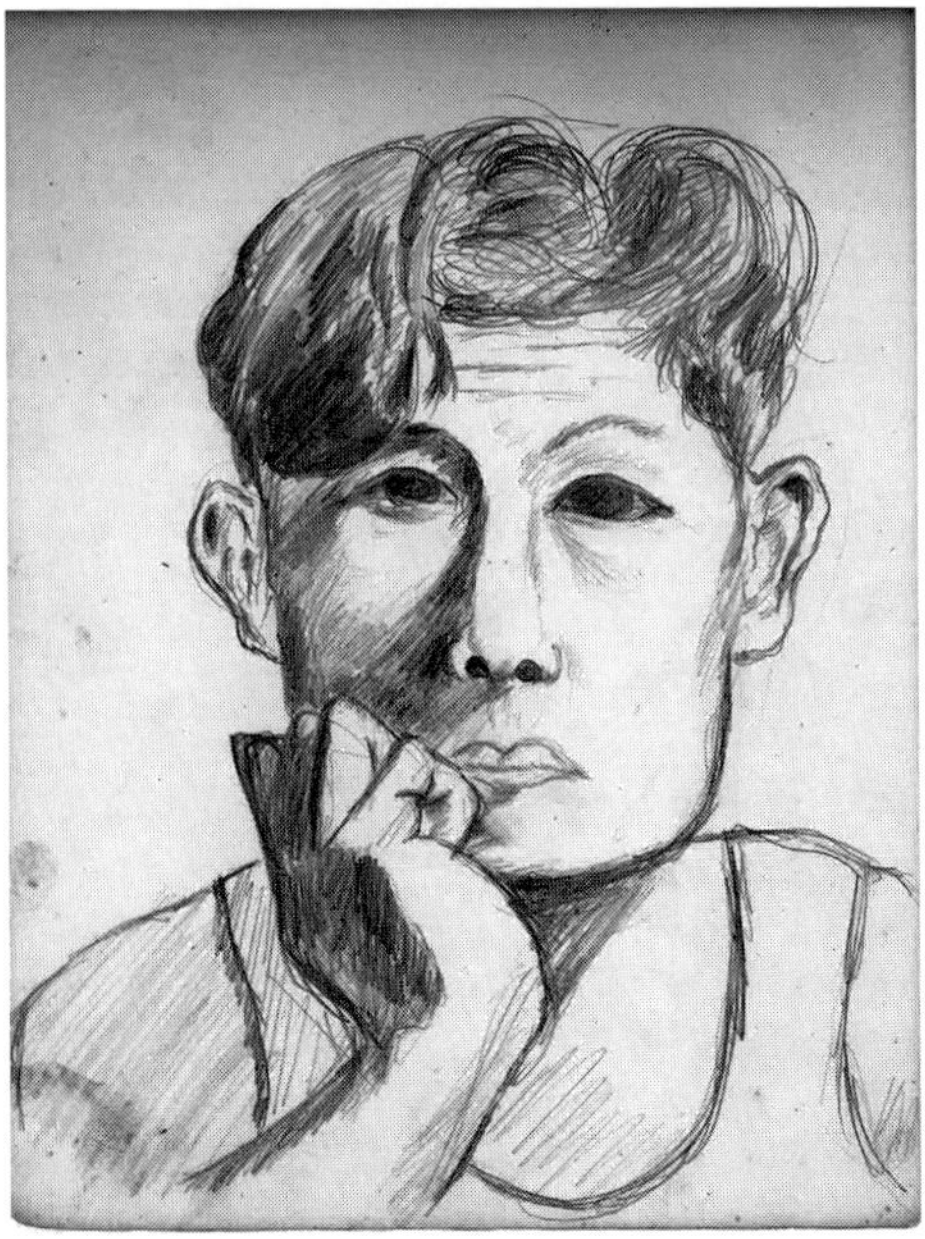

1952(昭和27)年9月22日

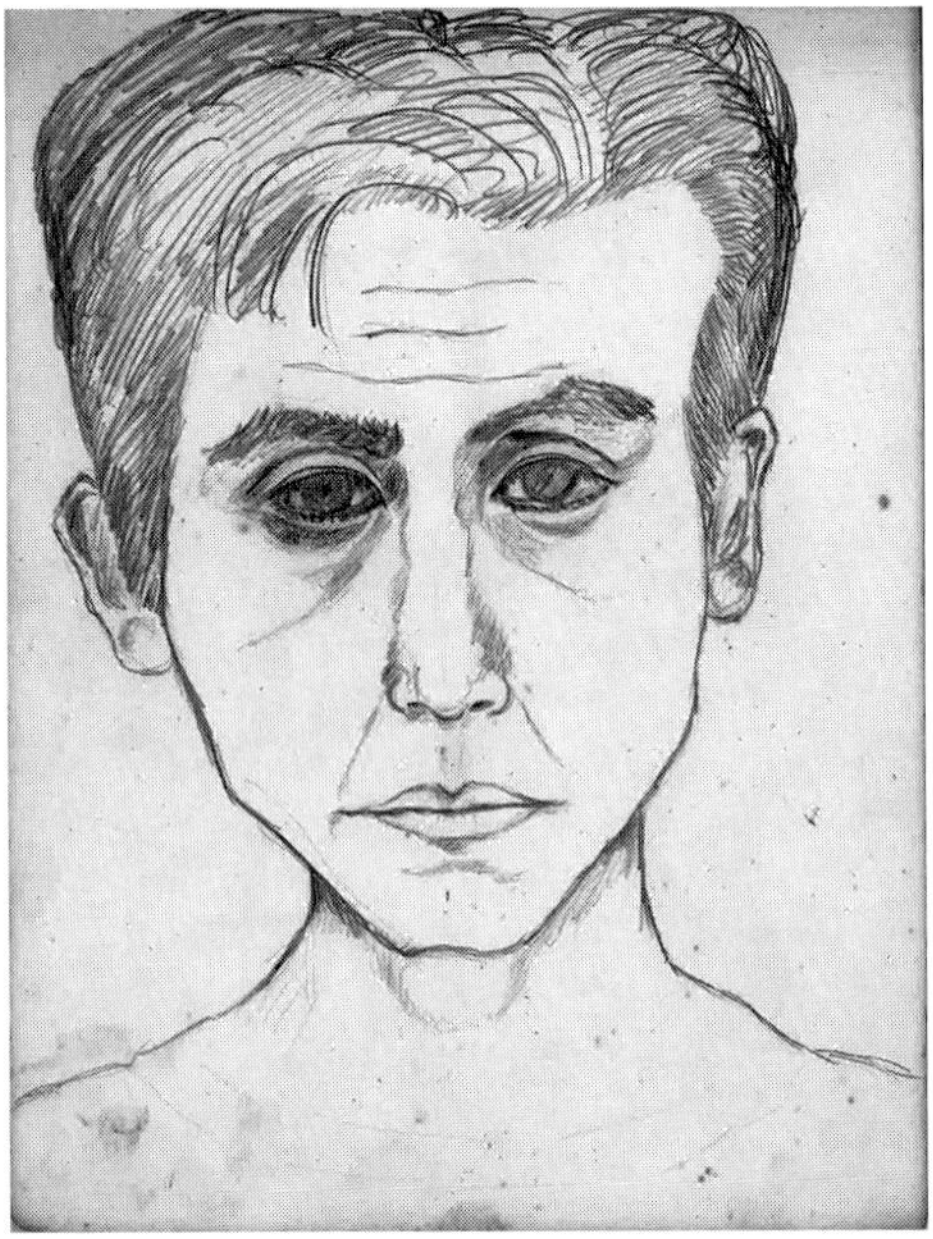

自画像(24歳) 1952(昭和27)11月19日

1953（昭和28）年7月29日

1953（昭和28）年7月29日②　未完

あとがきにかえて

今回も萌文社さんにお願いすることにした。1冊目をお願いしたからでもあり、私のことを良く分かって頂いているからでもある。ところが、業務が縮小されることになったという。その時点でのことなのか良く分からないが、頼りにしていた安納正世さんが退職されるという。その辺の事の経緯を知りたいところだが、余り理由をこちらが詳しく聞くことは却って失礼に当たるから、事実を認めることで留め置くしかないと考えた。丁度2冊目が出せるほどの原稿が出来上がりつつあったので、安納さんに連絡をしてみた。その時には彼女の退職を知らなかったので、他の用事もあったり退職に要する準備もあるだろうことなど知る由もない。だからかもしれない、あまり良い返事がもらえなかった。

それで困った。他にこれと言ってお願いするところが無かったからだ。暫くはそのまま時間が過ぎていった。その間、原稿の出来具合も進んでいった。彼女の家庭的な事情もあったのだろうと思ったが、暫くは連絡を取らずにいた。しかし、原稿が増えていくにしたがって、落ち着いては居られなくなってきた。

この時期、公的扶助研究会の機関誌編集も他社に移されることになった。安納さんも機関誌の編集から外れることになった。それを機に、殆ど彼女とは会う機会もなくなっていった。原稿は出来ている、原稿を依頼する先が見当たらない。困った。

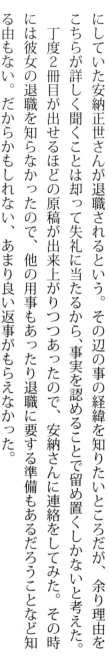

改めて安納さんに連絡をしてみた。また断られたらどうしようかと心穏やかではなかった。だが今度は思い直して呉れたのか、その辺の事情は分からなかったが、「はい」と言って貰えてほんとにホントにホッとした。

残り分の原稿を仕上げていく気になった。私の年齢は、向こう岸へ行っても可笑しくないほどである。その為、出せる機会があるのならば、頑張って行動を起こすべきだと考えた。

これについては経緯があって、私が78歳で大学に入学するに及んで、東京都荒川福祉事務所時代の同僚であった米山久美子さんから「高齢者の大学入学は稀だから、学生生活を書いて呉れたら是非読んでみたい」と言われてその気になったのである。時間が許せるならば、大学時代を出来るだけ詳しく綴ってみたい気持もあったが、時間的にそれは無理だと悟った。兎に角、残り分を必死に書いていった。それにしても安納さんは我儘な私に対して我慢強く待ってくれた。

ところで、こうして書いていられるのも命あっての物種である。考えてみるまでもなく、敗戦の年の4月15日から16日にかけての京浜大空襲時には、蒲田の大鳥居駅付近に寄宿していた。空襲のサイレンが鳴る中、弟と知人の大塚さんとその妹の４人で近くの工場の広場に向かった。向かった先は、唯単に広場だからに過ぎないし、周囲は工場で囲まれている。狙われれば一溜りもないはずだ。他に逃げ場がないのだ。

空襲が始まり出すと、周りは殆んど焼けていく。広場にはばらばらと焼夷弾が落ちてくる。身の回りにもぶすぶすと刺さってくる。どこに落ちてくるか分からないから逃げようがない。一発当たれば即死だ。怖くて広場を逃げ回った。もう生きた心地がしなかった。

幸か不幸か、焼夷弾には当たらずに逃げ延びることが出来て今日《こんにち》の生がある。これは九死に一生を得たと言えるのではないだろうか。

そして、今ここに2冊目を出せそうな機運を迎えている。だからという訳でもないが、今回は恥ずかしげもなく子どもの頃の写真や小学校の通信簿（80年前はこれを貰った）、スケッチ（下手糞だが）などを敢えて載せてみた。あからさまな自分を見せるのも私らしくていいかなと己惚れている。谷社長の私に対する見えない協力も見逃せない。内容的にも稚拙な私の原稿を、大きな心で許して呉れていると思っている。感謝している次第である。

この1冊が、安納さんの萌文社での最後の仕事になるという。喜んでよいのか悲しんでよいのか判断に迷ってしまう。考えてもみなかった2冊目を出せるということは、自分なりには喜んでよいのだが、よくもシャーシャーと出せたものだと笑われてしまうかもしれない。しかし、それも甘んじて受けるしかあるまい。

いずれにしても、こんなものを誰が読んで呉れようか。それこそ自費出版でなければ出せないものだろう。でも読んで貰いたい気持は失えない。超高齢の私にも、このくらいのものはまだ出せるエネルギーがあるのだと言ってみたい気持もある。それを頼りに発行を企図したのである。

安納さんには今回も手を煩わせてしまった。これは彼女の熱意と協力によって纏められたので感謝が尽きない。萌文社の業務縮小は大変に残念だが、これを最後に拙著が出せたので感無量である。この2冊目以外にもまだまだ書き足りないものがあるが、生きながらえた暁にはいつかまた発行を考えてみられるだろうか。

どのくらいの方々がこの本を読んで呉れるものやら皆目分からないが、出版したからには出来るだけ多くの方々に読んで頂くことを切に願ってあとがきの言葉とする。

２０２３年８月寿日記す　　　高木博光

【著者紹介】

高木博光（たかぎひろみつ）

1928（昭和3）年東京生まれ。1945年日大高校卒業。1948年千葉県民生委員連盟書記として社会福祉の世界に入る。1951年千葉県社会福祉協議会婦人児童部書記となる。1953年東京都足立福祉事務所に臨時職員として採用され、生活保護ワーカーとなる。1961年東京都荒川区に異動。1967年荒川区から山谷へ派遣される。1969年東京都墨田区福祉事務所へ異動。1984年墨田区知的障害者通所施設「すみだ厚生会館」に異動。1989（平成元）年定年退職。1991年全国精神障害者家族会連合会での授産施設“ZIP”、共同作業所“かれん”の立ち上げに従事。1994（平成6）年に退職。以後は精神保健福祉機関に関わり続ける。2006（平成18）年田園調布学園大学社会福祉学科に入学。2010（平成22）年同校を卒業して現在にいたる。
著書「あわよくば、書き連ね」（萌文社）2015年。

註：読者に対する責任的態度の持続の意味で、読後感や指摘事項などについてお答えするために所在を明らかにいたします。

ご質問・お問い合わせ用
〒277-0835　千葉県柏市松ヶ崎1210-13　☎　0471 - 57 - 4310

あるワーカーの 生きざまから　福祉のさまざまな世界で生きて来て

2023年9月11日　初版第1刷

著　者　高木博光
発行者　谷　安正

発行所　萌文社（ほうぶんしゃ）
〒102-0071　東京都千代田区富士見1 - 2 - 32 - 202
TEL　03 - 3221 - 9008　FAX　03 - 3221 - 1038
郵便振替　00190 - 9 - 90471
E-mail　info@hobunsya.com　URL　http://www.hobunsya.com

印刷・製本／音羽印刷

ISBN978-4-89491-407-0　C0036